지역을 지켜온 언론 50년! 혼미한 세상에 던지는 忠言

갈릴레오의 손가락

변평섭 칼럼

오늘의문학사

국립중앙도서관 출판시도서목록(CIP)

갈릴레오의 손가락 : 변평섭 신문·방송 칼럼집 / 지은이: 변평섭. -- 대전 : 오늘의문학사, 2016
p. ; cm

ISBN 978-89-5669-760-4 03810 : ₩15000

칼럼집[--集]

070.431-KDC6
070.442-DDC23 CIP2016014694

갈릴레오의 손가락

❥ 책을 펴내며

사람의 손을 보면 그가 걸어온 인생을 알 수 있다고 합니다. 흙을 일구며 살아온 농부의 주름진 손, 힘줄이 솟아나도록 불끈 쥔 주먹을 깃발처럼 휘두르며 시대를 이끌던 선각자의 손, 창백한 예술가의 긴 손가락….

이탈리아의 피렌체에서 공개된 갈릴레오의 5백년 된 손가락에 저는 뜨거운 충격을 받았습니다. 천체망원경을 만들고 '지구는 둥글다'는 진실을 지켜낸 갈릴레오. 그는 종교재판에서 유죄판결을 받고도 법정을 나설 때 손가락으로 땅을 가리키며 '그래도 지구는 돈다.(E Pur Si Move!)'고 말했습니다.

이처럼 신념어린 삶을 살 수 있다면 얼마나 행복하겠습니까? 이 시대 우리 주변에서 이와 같은 진실된 목소리를 들을 수 있다면 그 또한 큰 위안이 되리라 믿습니다.

칼럼을 쓰는 것은 저의 타고난 운명이라고 생각할 때가 많습니다. 언론계를 떠나 공직에 있을 때도 정기적으로 칼럼을 썼고, 지금 역시 언론매체에 글을 쓰고 있으니 어쩌면 살아 있는 동안 붓을 놓을 수 없는 운명 같습니다.

한때는 의도적으로 칼럼을 쓰지 않으려고 노력도 해봤습니다. 애써 시대의 변화에 데면데면하고자 했습니다. 그러나 미세먼지가 눈에 보이지 않으면서도 우리의 심장과 폐를 파고드는 것처럼 정치, 사회, 경제, 문화에 파고드는 미세먼지를 느낄 때, 습관처럼 경고의 호루라기를 불어야겠다는 생각에 그만 붓을 들게 됩니다.

그런 충정으로 저의 이번 칼럼집을 대해 주시면 정말 고맙겠습니다. 사실 칠순이니 희수니 하는 저의 인생 마디마디 책을 내야겠다는 생각을 해봤고 권유도 받았습니다만 그때마다 오죽잖은 것으로 가까운 분들께 폐가 되지 않을까 하는 두려움이 앞섰습니다.

특히 무소유의 선문답으로 존경받던 법정 스님이 입적하시면서 자신의 저서를 출판하지 말라고 유언으로 남기셨을 때 큰 충격을 받았습니다. 하물며 그렇게 맑은 영혼으로 내가 세상에 대해 호루라기를 불었을까를 생각하면 두렵기만 합니다.

그래도 여기까지 이르도록 용기를 주신 모든 분들, 특히 평소 제가 존경해온 박재만 신부님께 감사를 드립니다. 출판을 맡아주신 오늘의 문학사 리헌석 대표님, 그리고 50년째 제 옆을 지켜주는 아내와 늘 아빠의 원고 정리를 마다않고 챙겨준 딸 루시아, 저를 위해 기도해준 모든 분들께 감사를 드립니다.

2016. 여름

변 평 섭

제2장 휴전선 철조망으로 만든 가시관

제3장 세종대왕, 채찍을 들다

제4장 나는 그래서 日本이 싫다

제5장 통곡의 벽과 기억의 벽

제1장

갈릴레오의 손가락

갈릴레오의 손가락

몇 년 전 남쪽 바다에 사람 손가락이 둥둥 떠다닌다는 괴담이 퍼졌다. 당시 여론의 지탄을 받던 인물이 이곳 출신인데 선거 때 그를 찍은 유권자들이 후회의 뜻으로 손가락을 잘라 바다에 버렸기 때문이라는 것.

손가락은 그만큼 인간의 의지를 최종적으로 상징한다. 국민의 뜨거운 존경을 받고 있는 안중근의사는 러시아의 카리에서 열한 명의 동지들과 함께 손가락을 잘라 태극기 위에 '대한독립'이라고 혈서를 썼다. 안 의사가 자른 손가락은 왼손 넷째 약지. 우리는 그렇게 손가락으로 사랑을 맹세하기도 하고 그것에 반지를 끼워 확실한 표징으로 간직하기도 한다.

역사적으로 위대한 인간의 손가락으로 갈릴레오를 꼽지 않을 수 없다. 1633년 그 시대 절대 금기시 됐던 '지동설'을 주장하다 종교 재판에

회부되어 종신형을 선고받은 갈릴레오는 법정을 나오면서 '그래도 지구는 돈다.(E Pur Si Move!)'라는 유명한 말을 남겼다. 전해오는 이야기로 그는 그 말을 하면서 손가락으로 땅을 가리켰다는 것. 물론 해가 도는 것이 아니라 땅이 돈다는 '지동설'을 강조하는 의미로.

결국 그는 가택연금 상태에서 여러 병에 시달리다 1642년 세상을 떠났는데 마을 공동묘지에 묻혔다가 거의 100년의 세월이 흐른 뒤에야 사면을 받고 피렌체의 산타 크로체 성당으로 이장을 허가 받을 수 있었다.

그런데 이장을 할 때 갈릴레오를 열렬히 추종하던 사람이 시신의 오른손 가운데 손가락을 몰래 떼어다 자기 집에 숨겨 놓았다. 갈릴레오가 자신이 만든 천체 망원경을 조종하면서 그 손가락을 사용했기 때문에 그 '위대한 손가락'을 갖고 싶었다는 것이다. 또 그가 재판을 받고 나올 때 땅을 가리킨 것이 바로 그 손가락이기 때문이었다는 이야기도 있다.

이 '위대한 손가락'은 어찌어찌해서 플로렌스의 과학사 박물관에 기증됐는데 최근 일반에게도 공개가 됐다. 또 세월이 변하여 1992년 로마 교황청은 그에 대한 재판의 잘못을 인정하고 사과의 뜻을 표했다.

갈릴레오의 '손가락'에 앞서 르네상스의 찬란한 불을 밝힌 또 하나의 '손가락'이 있다. 미켈란젤로가 1508년 로마 바티칸의 시스틴 대성당 천장에 그린 '아담의 천지창조'.

하느님이 떠 있는 몸짓으로 손가락 끝을 통해 아담의 손끝에 생명을 불어넣는 장면이다. 이 위대한 예술 작품은 지금도 모든 사람들에게 뜨거운 영감을 주고 감동을 일으키고 있다.

왜 미켈란젤로는 손가락을 통해 생명을 불어 넣는 것으로 천지창조를 표현했을까? 그 천장의 웅대한 그림을 보노라면 자신도 모르게 손가락에 짜릿한 전율이 전해오는 것만 같다.

이번 20대 국회의원 선거에 당선된 지인이 전화를 걸어와 '손가락질 받는 정치인이 되지 않겠습니다.'하고 각오를 밝혔다. 나는 그에게 '손가락질 받는 정치인'이 되지 않으려면 19대 국회 같이만 하지 않으면 된다고 했다. '최악의 국회'라고 누구나 말하는 19대 국회를 반면교사로 삼아야 한다는 뜻이었다.

그러나 생각해보면 '손가락질' 받는 것이 정치인뿐만 아니다. 경상남도의 어떤 시장은 유럽 출장 때 부인의 경비까지 공금에서 지불했다가 말썽이 됐다. 총알이 뻥뻥 뚫리는 옷을 방탄복이라고 납품케 한 군 장교, 대학 운영비를 마음대로 횡령하다 구속된 대학총장, 선생님들이 저지르는 성추문, 세속화되고 있는 종교계, 수십억의 변호사 수임료 등 최근 충격을 주고 있는 법조계의 정운호 구명 로비 의혹…. 도대체 이 나라 어디에, 그리고 누가 감히 '손가락질'을 피할 수 있을까?

우리 지도자, 공직자 모두 자신의 손을 내려다보라. 갈릴레오의 땅을 가리키는 신념에 찬 손가락은 못 되더라도 부끄러운 손은 아닌지 돌아봐야 한다.

경기일보(2016. 5. 4)

링컨이 편집국장에게 쓴 편지

제20대 국회의원 선거 결과로 전국이 뜨거웠던 지난 주, 미국 워싱턴에서는 링컨 대통령 추모식이 거행됐다.

1865년 4월 15일, 링컨이 극장에서 공연을 관람하던 중 갑자기 나타난 암살범의 총탄을 맞고 56세로 숨을 거둔 지 151년. 미국에서 가장 위대한 대통령으로 존경받는 링컨, 특히 노예 해방의 대명사로 세계 역사에 알려졌지만 그의 내부를 들여다보면 애매모호한 면이 많았다.

1861년 남북전쟁은 노예 해방을 위한 전쟁이었는데도 남부를 점령한 북군 사령관들이 노예 해방을 선포하는 것을 허락하지 않았다. 그래서 군부의 불만을 자아내기도 했다.

이런 현상에 워싱턴의 한 신문이 왜 링컨은 노예 해방을 위한 전쟁을 하면서도 노예 해방을 머뭇거리고 있는가에 대해 의구심을 보이며 비판의 기사를 게재했다. 링컨은 즉시 그 신문사의 편집국장에게 속내를 드러내는 편지를 썼다. 첫째, 자기가 노예해방을 선언하지 않는 것은 연방제도를 유지하기 위한 것이고, 둘째, 노예를 해방하지 않고도 연방이 유지된다면 이대로 갈 것이다….

그러니까 링컨은 노예 해방보다 미국이라는 그의 분열된 조국을 통합하고 유지하는데 대통령으로서 더 무게를 두고 있었던 것이다. 아무리 노예 해방이 중요하다 해도 그것은 미국 연방의 틀 안에 존재하는 정책의 하나일 뿐이라는 뜻이다.

사실 링컨의 남북전쟁은 '노예 해방'을 명분으로 내세웠을 뿐 더 큰 목적은 연방을 이탈하려는 남부를 하나로 묶어놓는 데 있었다는 주장이다. 면화의 수출 등 유럽과의 무역에서 남부는 자유무역을, 산업지대의 북부는 보호무역을 주장하여 충돌을 빚고 있었다.

실제로 당시 남부 9백만 인구 중 노예는 0.1%에 불과한 8천명. 이런 가운데 노예 해방을 명분으로 전쟁을 하면서 남부의 노예들이 도망쳐 북군에 입대하는 숫자가 자꾸만 불어났다. 이 때문에 북군의 병력에 큰 보탬이 되었다. 그렇게 시간을 끌면 끌수록 노예의 탈출은 증가했고 연방제를 무너뜨리지 않고도 자연스럽게 노예제도는 폐지될 수밖에 없는 상황까지 온 것.

그리하여 마침내 타이밍을 기다린 링컨은 1863년 1월 1일, 의회에서 역사적인 노예 해방을 선언하기에 이르렀고 그해 11월 19일 민주주의의 교과서처럼 되어 있는 "국민의, 국민에 의한, 국민을 위한 정부는 지상에서 결코 사라지지 않는다."는 게티스버그 연설을 탄생시킨다.

266개의 단어로 된 링컨의 이 역사적 연설문 원문에 '노예 해방'이라는 말은 단 한 번도 등장하지 않는다. 오직 간결하고 분명한 단어로 '살아있는 우리' 모두가 조국에 바쳐야할 의무만 강조한다. 그리고 '국민의, 국민에 의한, 국민을 위한' 이 세 마디로 결론을 내린다.

역시 미국의 단합, 그것이 링컨에게는 노예 해방보다 더 중요한 목표였던 것이다. 이를 위해 그는 자기를 비난하는 신문사 편집국장에게 편지를 쓰고, 심지어 탄핵운동까지 벌어진 상황에서도 인내심을 갖고 정적들을 설득하기 위해 노력했으며, 엄청난 전사자가 속출해도 그 소명에서 주저하지 않았다. 그리고 마침내 목숨까지도 바쳤다.

지금 우리나라는 4.13 총선 후 일찍이 없던 정치적 분열과 혼란에 빠져있다. 이럴 때 링컨 같은 통합의 지도자가 절실하다는 뜻에서 링컨 이야기를 길게 소개했다.

'국민의, 국민에 의한, 국민을 위한' 그 정신이면 우리는 오늘 같은 파행적 분열을 겪지는 않을 것이다. 마침 링컨 서거 151주년을 보내며 떠오르는 생각이다.

경기일보(2016. 4. 19)

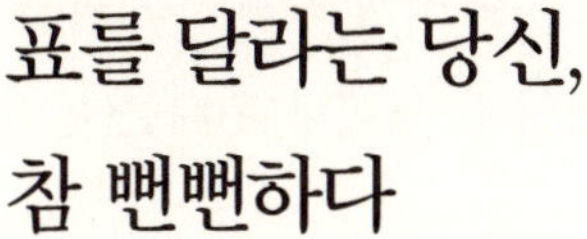

표를 달라는 당신,
참 뻔뻔하다

P군은 힘들게 취업전선을 뛰어다니다 어느 출판사에 인턴 사원으로 취업을 했다. 20대 후반의 P군은 대기업이나 공무원의 꿈은 접었지만 그래도 직장을 얻었다는데서 열심히 근무를 했다.

아침 8시에 출근하여 밤 11시까지 무려 15시간을 일했고 점심은 라면이나 거리에서 떡볶이 등으로 때웠다. 급여일이 되어 경리부장에게 통장 사본을 제출했다. 그러나 경리부장은 좀 더 출판기술을 익혀야 급여가 나간다며 자세한 설명은 피했다. 그래서 P군은 빨리 일을 배워 급여를 타려고 더 열심히 일했다. 일요일도 없었고, 그야말로 하루하루가 파김치였다.

3개월이 지나서야 급여를 받기 시작했는데 겨우 50만원. 2년이 되어 정규직이 되면서 100만원이 되었다.

이처럼 애처롭게 직장의 끈을 붙잡고 힘들게 사는 젊은이들, 그들을 일컬어 '열정페이'라고 한다. 직장을 얻었다는 것으로 만족하여 열정만 갖고 일하라. 급여는 묻지도 말며 몸을 불태워 일만 하라는 '열정페이'.

어떻게 이들에게 결혼을 하고 집을 마련하라고 할 수 있을까? 삶의 질은 고사하고 어떻게 이들에게 아기를 낳으라고 할 수 있을까?

아예 '열정페이'도 할 수 없는 청년실업에 대해서는 말할 것도 없다. 통계청이 발표한 지난 2월 실업율은 12.5%로 사상 최고를 기록했다. 백수로 놀고 있는 29세 이하의 젊은이가 56만 명이나 된다는 이야기다.

이래서 금수저, 흙수저, 헬조선, 삼포시대, 오포시대, 칠포시대… 마침내 니트족에 이르기까지 우리 젊은이들의 대화에는 '꿈'이 아닌 자조와 냉소의 우울한 신조어들이 가슴에 못을 박고 있다.

언론 보도에 따르면 광주광역시에 연간 10만대의 중국 자동차 '주룽(九龍)'이 공장을 건설하기로 하고 협약식까지 마쳤다고 한다. '주룽'은 한국에서의 본격적인 생산에 앞서 내년부터 2년 동안 전기 승합차 3천대를 들여와 한국시장에 내놓을 계획.

그냥 승합차가 아니라 '전기'로 운행된다는 사실에 주목할 필요가 있다. 그동안 중국에 가면 거리를 달리는 우리 현대차를 보고 기분 좋아했던 것은 이제 반대로 중국 사람들이 서울 거리를 누비는 중국차를 보고 으쓱할 날이 코앞에 다가왔다. 이미 여러 분야에서 중국에 역전패 당하고 있는 대한민국의 현주소인 것이다.

잘 나가던 조선 경기도 심각하다. 조선소가 많은 경남 거제시에는 불경기 여파로 문 닫는 식당과 상점들이 매일 늘어나 4개월 동안 1천6백 곳이나 된다는 보도가 나올 정도다.

자동차, 철강, 조선… 곳곳에서 험한 파도가 들이치고 있다. 수출로 먹고 사는 우리로서는 보통 문제가 아니다. 가계 부채는 1천2백조라는 기록을 깬 지 오래되었고 이자가 높은 제2 금융권에서 빌린 주택담보 가계대출은 1백조를 넘었다. 남북문제, 특히 북한 핵문제의 심각성이야 말할 것도 없다.

그런데도 우리 정치판을 보면 짜증이 날 뿐이다. 이런 심각한 문제들에 대한 깊은 고민도 없고 이번 4.13 총선거에서 보여줄 의지는 더더욱 없다. 물론 정당마다 공약이라는 것이 있지만 어떻게 하면 유권자의 귀에 솔깃한 반응을 일으킬 것인가에만 관심이 있지 진정성 없는 구호의 나열일 뿐이다. 국민을 생각하는 이 시대의 심각한 고민, 특히 길 잃은 젊은이들을 위한 꿈도 없다.

선거를 앞두고 그들이 고민하고 싸운 것은 계파의 공천 전쟁일 뿐, 진정성 있는 토론도 없었고 국민의 소리에 귀를 기울이는 모습도 보이지 않았다. 그러고도 표를 달라며 굽실대는 당신, 참 뻔뻔하다.

경기일보(2016. 3. 29)

'쇼팽 콩쿠르' 심사표와 공천심사

올해 21세의 피아니스트 조성진. 그가 한국인 최초로 지난해 폴란드 대통령으로부터 제17회 쇼팽 콩쿠르 1등상을 받을 때 온 국민이 환호했고, 세계 음악인들로부터는 뜨거운 갈채를 받았다. 한국인이라는 게 더없이 자랑스러웠다. 뒷골목 시궁창 같은 정치싸움만 보던 국민들에게 신선한 산소 같은 뉴스였다. 이제 그는 런던, 뉴욕, 도쿄, 파리 등 세계무대를 누비며 피아노 건반 위에 뜨거운 혼을 쏟아 붓고 있다.

그런데 최근 지난해 있었던 쇼팽 콩쿠르에서의 채점표가 실명으로 공개되어 또 한 번 화제가 되었다. 세계적인 피아니스트 17명이 심사위원으로 참가했는데 최고 10점 만점에서 두 명의 심사위원이 조성진에게 만점을 주었고 12명의 심사위원은 만점과 다름없는 9점을 주었다. 그러나 단 한 사람, 프랑스 출신 심사위원은 최하위 점수인 1점을 준 사실이 밝혀졌다. 뿐만 아니라 다음 라운드 진출이 불가능하다는

'NO'의 의견서를 첨부했다. 우리식 표현으로는 '부적격'이라는 것인데 어떻게 보면 감정적인 점수라는 오해를 받는다. 다행히 최고 점수가 다수였기에 그의 야박한 '1점'이 영향을 주지는 못했다.

어쨌든 이번 쇼팽 콩쿠르에서의 채점표가 공개된 것은 그만큼 심사의 투명성을 중시하고 있다는 것을 보여줬다는 평이다. 그런 투명한 평가 때문에 1등의 영광을 차지한 조성진에게 세계 모든 음악 애호가들이 갈채를 보내는 것이 아닐까?

요즘 한 달도 안 남은 국회의원 선거를 앞두고 정당마다 몸살을 앓고 있다. 엄격한 공천 심사를 통해 후보자를 선정했다고 하는데, 실제로는 명단이 발표될 때마다 이의신청, 재심신청이 이어졌고 탈락자들의 반발은 험악한 사태를 연출하고 있다. 과연 공천심사 기준에 따라 엄격하게 했다면 이런 부작용이 나왔겠는가? 조성진 피아노 채점표에서 보듯 누가 봐도 투명한 잣대를 사용했다면 반발의 여지가 있었을까?

여론조사만 해도 그렇다. 당내 경선용 여론조사가 일부 지역에서 왜곡되거나 조작됐고 심지어 유출까지 됐다하여 검찰의 수사를 받는 상황에 이른다면 그 신뢰성을 어느 정도로 평가해야 할까? 역시 문제는 심사를 하는 잣대의 공정함과 투명성이다. 무게를 다루는 저울, 길이를 재는 잣대가 정직해야 한다는 것이다.

우리 생활에서 저울이나 잣대가 경상도, 전라도가 제각각이고 서울과 충청도의 쌀가마니가 차이가 난다면 그 혼란은 감당할 수 없을 것이다.

그래서 고려 초기부터 조정에서는 백제, 신라를 거치면서 도량형의 각기 다른 단위와 기준을 통일하는데 심혈을 기울였고, 조선시대에 와서도 이 작업은 계속됐다. 기준과 단위를 어떻게 공정하게 하는가, 세종대왕은 무려 9년에 걸쳐 이 작업을 했고 그것이 고스란히 '경국대전(經國大典)'에 기록되어 있다. 조선시대 암행어사의 주요 임무 중에는 그 지방의 잣대가 정확한가, 저울은 속이지 않는가, 살펴보는 것이 포함되어 있었다.

바로 이것이다. 우리가 정치의 선진화를 이룩하는 것은 공천심사가 쇼팽 콩쿠르 심사처럼 투명하게 이루어져야 한다. 'A가 하면 막말이고 B가 하면 농담'이라든지, 'C가 하면 비리고 D가 하면 관례'가 되는 식의 심사가 되면 안 된다는 것이다.

더욱 새겨야할 말은 "以不平平 其平也不平, 불공정한 잣대로 공정한 것을 재면 공정한 것까지 불공정하게 된다."는 열자(列子)의 말씀이다.

경기일보(2016. 3. 22)

김만중의 流配地 '노도' 에서

출신 신분이야 어쨌든 여인으로서 완숙한 장희빈에 비해 인현왕후는 갓 14세의 어린 소녀였다. 그러니 숙종 임금의 마음을 사로잡는 데는 장희빈에게 상대가 될 수 없었다.

승승장구 벼슬길에 오르던 서포(西浦) 김만중(金萬重)은 서인(西人)의 영수이던 우암 송시열과 같은 정치적 노선에 있으면서 숙종 임금과 장희빈 관계에 시비를 걸게 되고 마침내 평안도 선천으로 1차 유배를 가게 된다. 이때가 1687년 숙종 13년.

그의 유배형은 여기에 그치지 않고 1689년 2월, 지금의 경상남도 남해의 외딴 섬 노도(櫓島)로 귀양을 가야만 했다. 그 유서 깊은 유배지 남해 노도를 지난 주 그의 광산 김씨 후손들 그리고 국문학을 하는 교수 등과 함께 찾았다.

말이 유배지일 뿐 해상국립공원답게 바다와 섬, 그리고 하늘까지도

참 아름다웠다. 아름드리 동백나무로 둘러싸인 섬, 바위에 부서지는 파도, 지중해 바다보다 더 파란 남쪽 바다…. 이은상 시인이 그렇게 그리워하던 '고향 바다'가 바로 여기가 아닐까.

그러나 막상 내가 320여 년 전의 김만중이 되어 바위 사이를 거닌다고 생각하니 무척이나 쓸쓸했고 가슴이 아렸다. 아마도 김만중의 가슴속 이런 고독과 아픔으로 최초의 한글 소설 '구운몽'의 구상이 실타래처럼 풀렸는지 모른다.

'구운몽' 자체가 불교에서의 '공(空)'사상, 부귀공명이 한낱 봄날의 꿈임을 표현하는 것이었고 그렇듯 인생만사를 부정하면서 다시 그 부정에서 긍정을 찾는 것이 아닐까. 이런 '공(空)'의 사념에 저절로 젖어들게 하는 곳이 바로 이 섬이다.

더욱이 김만중은 이곳에서 그의 어머니가 유배생활을 하는 자식을 근심하다 세상을 떠났다는 소식을 접하고는 큰 충격에 빠진다. 특히 어머니는 병자호란에 이어 정축호란 때 남편이 강화도에서 순절하자 유복자가 된 아들 김만중을 키우고 교육시키는데 모든 걸 바친 터라 그 슬픔이 말할 수 없었다. 그래서 그는 '어머님을 그리면서' 시를 썼는데 그 내용이 매우 감동적이다.

'오늘 아침 어머님이 그립다는 말 쓰려고 하니/글자도 되기 전에 눈물은 이미 홍건하구나/몇 번이나 붓 끝을 적셨다가 다시 던져 버렸는지…'

김만중은 이 시를 쓰고 얼마 안 된 1692년, 외로운 유배지 노도의 동백나무 숲에서 눈을 감았다. 그의 나이 56세. 사계 김장생(金長生)의

증손으로서 대사헌, 대제학 등 최고위직에까지 올라 혁혁한 활동을 했으면서도 결국 유배지에서 짧은 일생을 마쳐야 했던 김만중은 '구운몽'의 소설 속 주인공처럼 '공(空)'의 철학을 남겼다.

이곳 남해에는 김만중 말고도 남구만, 김용, 김구 등 일곱 분의 문인들이 유배생활을 하면서 많은 글을 남겼고, 고려 때까지 거스르면 정치인, 관료 등 백 명 가까운 인물들이 이곳에서 힘든 유배생활을 했다. 그래서 남해시는 전국에서 유일하게 '유배문학관'을 세우고 많은 유품들을 전시, 방문객들에게 큰 감동을 주고 있다.

참으로 잘한 착상이다. 이를 본받아 김만중의 후손들이 그의 선조들 묘소가 있는 대전시 유성구 전민동에 김만중의 기념관을 마련하겠다는 것. 따라서 남해시에 있는 '유배문학관'처럼 '김만중 문학관'을 유성에 세우는데 지방자치단체가 적극 나설 필요도 있을 것 같다. 결국 문화가 경쟁력이니까.

붉은 해가 바다를 물들이는 낙조에 취해 섬을 떠나는데 김만중이 생전에 남긴 말이 귓가에 스치는 것 같았다. "우리말을 버리고 다른 나라 글로 시문을 쓰는 것은 앵무새와 같다."

경기일보(2016. 3. 9)

"글쎄, 하도 많아서…."

국토부 산하 기관의 A사무관은 업무와 관련된 업체로부터 지난 해 무려 14차례 골프접대를 받은 혐의로 징계는 물론 형사처벌까지 받게 되었다. 더욱 어처구니 없는 것은 주말이 아니라 근무시간에, 그리고 부하를 감독해야 할 상급자도 함께 놀아났다는 것이다.

골프를 치면 으레 뒤따르는 것은 어떤 것이었을까? 검찰은 공기업 KT&G 사장을 지낸 민모씨가 중동의 담배업자로부터 4,500만원 상당의 시계(파텍필립)을 받은 혐의가 드러나 기소했다. 민사장은 이렇게 받은 시계를 노조위원장에게 선물로 줬다. 왜 노조위원장에게 그 고가의 시계를 주었을까? 무슨 검은 거래가 있었을까?

시계 이야기가 나왔으니까 이야기지만 몇 년 전 모 재벌회장이 당시 국세청장 J씨에게 30만 달러 뇌물과 함께 4200만원 상당의 시계를 바쳐 충격을 주었다. "어떻게 국세청장이…." 하는 놀라움이 컸다.

곳곳에서 썩는 냄새는 이제 비리 불감증 지경에 까지 이르게 하고 있다.

지난 해 9월 17일 국방부에 대한 국정감사에서 한 국회의원이 장명진 방위사업청장에게 "방산 비리의 대표적인 사례가 무엇이냐?"고 물었다. 이 때 장청장은 "글쎄, 하도 많아서…."라고 대답했다는 보도가 있었다. 그의 대답은 솔직했지만 국민들은 가슴의 분노를 억누를 수 없었다.

"글쎄, 하도 많아서…." 이것이 오늘 대한민국의 현주소다.

원자력 발전소의 부품은 매우 중요해서 완벽한 품질이 생명이다. 만약 불량 부품을 사용하다 사고라도 나면 이건 엄청난 재앙을 가져온다. 국민의 귀중한 생명이 달려 있기 때문이다. 그런데 불량기자재 납품으로 수십억 원대의 뇌물이 거래돼 한국 수력원자력 관계자 153명이 처벌을 받았다. 임원도 먹고, 부장도 먹고… 주차장에서, 사무실에서… 장소를 가리지 않고 뇌물을 먹었다. 국민의 생명이 달린 불량자재 납품 대가였다. 이런 자들은 영혼은 고사하고 공직자로서의 양심이 털끝만큼이라도 있었을까?

이근면 인사혁신처장은 최근 공직사회를 잔디밭에 비유하면서 물도 주고 '잡초'도 뽑겠다고 했다. 또한 2013년 4월 폐지됐던 검찰의 '대검 중수부' 대신 '부패범죄 특별수사단'이 출범했다. '잡초'를 뽑아내자면 사정 바람이 거세질 것으로 보인다. 그럴 수밖에 없는 것이 정치인과 공무원 등 공직비리와 대기업, 그리고 공적자금이 투입된 기업을 주대상으로 하고 있고, 이미 방산비리 수사에서 수사력을 인정 받았던 김기동 검사장이 칼을 잡았기 때문이다. 전국에서 수사실력이 높은 검사와 수사관들이 차출되어 철통같은 체제도 갖추었다.

그러나 보다 중요한 것은 공직자의 애국심과 양심이다. 여기서 우리는 그 엄청난 방위산업의 비리에 뇌관을 터트린 김영수 해군 소령을 생각해야 한다. 그는 양심선언을 통해 말썽 많은 통영함의 비리를 신고했으나 묵살됐고 군내 '부적응자', '배신자'의 낙인이 찍혀 전역 조치 당했다. 당시 해군 참모총장은 공개적으로 김소령의 주장을 터무니없는 것으로 부인하고 인격적 매도를 가했다.

김소령이 조직 내에서 겪어야 했던 고초가 이만 저만이 아니었지만 결국 그는 사태가 역전돼 보국 훈장 삼일장을 받았으며 참모총장은 구속되고 말았다. 따라서 잔디밭을 잘 가꾸고 잡초를 뽑으려면 김소령과 같은 애국심과 양심있는 공직자가 계속 나와주어야 한다.

반환점을 돈 박근혜 대통령의 남은 임기를 생각할 때 공직기강 확립이야 말로 가장 절실한 과제다.

경기일보(2016. 3. 2)

세종시에 무궁화 꽃이…

북한 김정은의 제 4차 핵실험과 미사일 발사를 계기로 핵개발의 필요성이 계속 이어지고 있다. 머리에 핵무기를 얹고 살아야 하는, 우리의 불안한 안보를 미국의 핵우산과 중국의 '전략적 우호관계'에만 맡기고 살 수는 없지 않느냐는 것이다.

어느 날 이들 양 대국의 입장이 바뀌면 상상하기조차 두려운 재앙이 닥칠 수 있다는 생각에서다. 박정희 대통령 때도 비슷한 안보상황에서 극비리에 등장한 것이 '핵개발'.

이러한 배경을 소재로 하여, 1993년 김진명 작가에 의해 '무궁화 꽃이 피었습니다'라는 장편 소설이 발표돼 국민적 감동을 몰아 왔었다. 물론 완전한 허구이지만, 핵개발을 시도하는 박정희대통령과 재미 입자물리학자 이휘소박사의 죽음을 연계시킨 사건전개가 매우 긴박감을 일으켰었다.

소설에서 '이용우'라는 이름으로 등장하는 시카고대학 이휘소 교수는 노벨상 후보로 회자될 정도로 최고 권위자였다. 그런 이박사가 1997년 6월, 미국에서 이해할 수 없는 교통사고로 42세 젊은 나이에 죽게 되는데 한국의 핵개발을 막기 위한 미국의 음모가 있지 않느냐는 것이었다.

어쨌든 '무궁화 꽃이 피었습니다'는 영화로까지 이어져 국가 안보를 갈망하는 국민적 시그널처럼 되었었다. 이런 영향 때문인지 그 무렵 무궁화심기 운동이 활발해진 것도 사실이다. 학교 운동장 한구석 또는 관공서 뜰에서나 볼 수 있던 무궁화가 '나라꽃'으로 범위를 넓힌 것이다.

그러다가 다시 시들해진 '무궁화 꽃' 사랑운동이 대한민국의 행정중심도시가 된 세종시에서 불붙일 준비를 하고 있다. 행정중심복합도시 건설청이 정부청사인근의 5만㎡ 녹지에 무궁화 테마공원을 조성키로 한 것.

우리나라 최대 호수공원으로 꼽히는 중앙 호수공원과, 최근 개관된 대통령 기록관, 디자인이 특출한 세종국립도서관과 함께 무궁화 테마 공원이야 말로 세종시의 명물이 될 것이라는 전망이 나오고 있다.

올 하반기 착공, 2018년 개장하게 되면 전국 최대의 무궁화 공원이 될 뿐 아니라 그 종류 또한 분홍색 계열의 '홍단심계'를 비롯 '배달계', '아사달계' 등 200여 종이 선보이게 되며 중간 중간에 잔디 마당과 휴식 시설도 마련, 힐링의 올레길 역할도 하게 될 것으로 보인다.

이충재 행복청장은 이와 같은 무궁화 동산을 만들게 되면 모든 국민이 눈으로 보고 온 몸으로 체험하면서 나라꽃 '무궁화'에 대한 깊은 애정을 갖게 되고 그것은 곧 '나라 사랑'으로 이어질 것이라고 말하고 있다. 물론 세종시의 관광 명품 중 하나가 될 것이고.

무궁화는 일제 식민지 시절 독립을 갈망하는 민족의 정서 때문에 그 역사를 길게 생각하지 않지만, 사실은 이미 고구려 유민이 지금의 만주 벌판에 세웠던 발해(渤海)의 기록에 나올 만큼, 우리 민족과 깊은 관계를 맺고 있다.

즉, 792년 세상을 떠난 발해의 정효공주의 묘비에 이런 내용의 글이 있는 것이다. "옥 같은 얼굴은 무궁화에 비길 수 있었다…. 그는 남편이 죽자 맹세하였던 마음을 변치 않고 슬픔을 머금으면서 굳게 정조를 지켰다" (한국콘텐츠진흥원의 문화원형백과 '발해의 꽃은 무궁화였다' 참조) 이보다 더 오래된 기록으로 춘추전국시대의 중국 지리서 '산해경(山海經)'에도, 그리고 일본의 왜서(倭書)에도 우리 민족의 무궁화 사랑이 등장한다.

따라서 세종시에 이처럼 대규모 무궁화 공원을 만드는 것은 역사의 재현을 통해 새로운 도시의 모델을 보여주는 것이어서 의미가 크다고 하겠다.

경기일보(2016. 2. 23)

영입이면 '저승사자' 도 좋다?

DJ(김대중 전 대통령)의 삼남 홍걸씨가 더민주당에 입당한 것을 계기로 동교동계 인사들과 실랑이가 되고 있다. 여기에 '국민의당'도 가세했다. 지난달 24일 '국민의당' 모 인사가 자신의 페이스북에 '김홍걸의 입당은 망한 백제의 부흥운동을 보는 것 같다'고 한 것.

그는 김홍걸씨를 앞세워 친노 부흥을 꾀하는 꼴이며 문재인 당시 대표를 백제 부흥운동의 큰 축이었던 복신에 비유, '김홍걸을 부여풍처럼 앞세웠다.'고 했다. 또한 백제 부흥운동이 '흑치상지'라는 명망 있는 장군과 손잡고 처음에는 활발히 전개됐으나 결국 내분으로 실패한 내역을 소개하기도 했다.

국민의당 당직자가 왜 백제의 비극적 종말을 현실 정치 상황에 접근시켰는지는 알 수 없지만 그 교훈은 곱씹어 볼 만하다.

660년, 백제가 나 · 당 연합군에 의해 멸망하자 의자왕과 왕자 융을 비롯 관료와 군인 등 2만 명 상당의 많은 백제인들이 당나라로 잡혀갔다. 그럼에도 의자왕의 종형제되는 복신, 승려 도침, 장군 흑치상지 3인이 중심이 되어 일본에 가있던 왕자 풍을 모셔와 부흥운동을 펼쳤다. 특히 유능한 장군 흑치상지는 충남 예산군 대흥면에 있는 임존성을 탈환하는데 성공했고, 10일 만에 3만명의 병력을 확보하며 사기가 충천했다.

흑치상지와 복신 등이 이끄는 부흥군은 이후에도 2백여 성을 회복하며 기세를 올렸다. 그러나 복신과 도침 사이에 반목이 생겨 복신이 도침을 살해했는데, 내분은 여기에 그치지 않고 이번에는 왕자 풍이 복신을 살해하기에 이르렀다.

이렇게 지도부의 알력과 내분이 계속되자 금세 '잃어버린 백제'를 되찾을 듯한 기세가 꺾이고 왕자 풍은 고구려로 도망갔다. 왕자를 모셔오면 큰 힘이 되리라 믿었던 백제 유민들에게는 큰 실망이었다. 그런가하면 흑치상지는 백제 진영을 버리고 당나라에 항복했으며 거기에 그치지 않고 창끝을 자신의 지휘 하에 있던 백제 부흥군을 향해 던지는 엄청난 배신을 저질렀다.

당나라로 잡혀갔던 왕자 융은 지금 공주 땅에 당나라가 설치한 '웅진도독부'의 꼭두각시 도독이 되었으니 4년에 걸쳐 몸부림치던 백제의 꿈과 희망은 한꺼번에 꺼져 버렸다. 심지어 흑치상지는 당나라에서 최고위직에 올랐으나 오래지않아 모함을 받아 목숨까지 잃었다. 이것이 한때 백제 회복의 황금 같은 기회를 놓쳐버린 '백제 부흥운동'의 내막이다.

어디 이 꼴사나운 모습이 백제에 한정된 것인가. 몸 담았던 자기 진영을 버리고 적의 품에 안겨 함께 했던 진영에 창을 던지는 흑치상지 같은 정치 지도자가 없는가?

복신이 도침을 죽이고, 왕자 풍이 복신을 죽이는 것과 같은 내분으로 '나라 되찾기'의 마지막 단계에서 자해(自害) 행위를 하는 정치 지도자는 없는가?

최근 노무현 정부 때 청와대 정책실장을 지낸 김병준 교수는 한 언론과의 인터뷰에서 "박정희, 김대중, 노무현 전 대통령을 파는 정치는 쉬운 정치"라며 과거 지도자의 깃발을 들고 완장을 차는 오늘의 정치 풍토를 개탄했다.

잃어버린 나라를 되찾겠다며 분연히 일어선 백제 지도자들이 의자왕의 아들을 일본에서 불러 오기까지 했지만 결국 내분으로 물거품이 되어버린 역사적 교훈과, 김병준 교수가 지적한 과거 지도자의 깃발을 들고 정치를 하려는 오늘 우리 정치판에 대한 경고는 그래서 가볍게 넘길 일이 아닌 것 같다.

수호천사가 될지, 저승사자가 될지 가리지 않고 영입 전쟁을 벌이는 여·야. 그리고 대통령의 아들들을 선거에 이용하려는 한국적 정치 후진성은 벗어 던져야할 때가 됐다.

경기일보(2016. 2. 16)

하지 장군의 충고는 살아있다

"안철수는 시집 안 간 처녀 땐 신선해 보였다. 그러나 그동안 안철수는 두 번, 세 번 시집갔다가 과수가 된 걸레가 돼버렸는데…."

이것은 지난 1월 11일 전 국회의원이면서 KBS 앵커 출신인 류근찬 씨가 자신의 트위터에 쏟아낸 발언이다.

막말 논란이 벌어진 것은 물론 여성비하 발언이라는 반발에까지 부딪치자 류근찬 전 의원은 논쟁을 접었다. 하긴 류의원 자신도 지금은 없어진 자유선진당에서 국회의원을 했고 안철수 의원과 함께 '새천년민주연합' 충남도당 공동위원장을 했으며 지금은 박준영 전 전남지사가 이끄는 신민당의 공동 부대표로 있다. 복잡한 정치역정이다.

이 이야기를 꺼낸 것은 해프닝이라고 넘기기엔 너무 안쓰러운 우리 한국 정치의 단면을 보여주는 것이기 때문이다.

김종인 전 의원이 더불어민주당의 선대위원장으로 영입되자 포장은 다르지만 비슷한 비난이 이어지고 있다. 전두환의 국보위 시절엔 국보위에 참여하고, 이 당, 저 당에서 네 차례나 비례대표를 한 사람. 심지어 박근혜 대통령 당선에 역할을 맡았다가 지금 그 대치점에 있는 문재인 진영으로 가 있는 모습, 특히 '노태우 비자금' 사건으로 수감되기까지 했는데….

이와는 별도로 정치인들의 이합집산이 끝없이 계속되며 서로 헐뜯고 물어뜯는 진흙탕 싸움이 계속되고 있다.

정당도 비누방울처럼 만들어졌다 사라지길 거듭하고 있는데, 현재 중앙선거관리위원회에 등록된 정당은 무려 14개나 된다. 이 숫자는 우연히도 1945년 우리나라가 일제로부터 해방되고서 탄생한 13개 정파 숫자와 비슷하다.

1948년 5·10 선거를 거쳐 구성한 제헌의회의 정파를 보면 이승만이 총재로 있던 대한독립촉성국민회의가 전체의석의 27.5%인 55석을 차지했고 한국민주당이 29석 등이었다. 남한만의 선거에 반대했던 김구는 이승만과 같은 대한독립촉성국민회의 부총재였지만 선거에 참여하지 않았다.

이렇게 많은 정파와 제각기 다른 목소리를 내며 매일같이 싸움으로 지새는 상황에서 가장 힘들었던 사람은 미점령군 사령관 존. R. 하지 장군이었다. 많은 정파와 싸워야 했던 하지 장군은 특히 이승만과의 관계에서도 엄청 속을 썩여야 했다.

오죽했으면 그는 훗날 한국에서의 미군정 책임자로서 3년을 회고하면서 '지금까지 내가 맡았던 자리 가운데 최악의 직무(worst job)이었다.'고 했을까? 그리고 그는 1948년 8월 24일 해방 후의 혼란기를 수습하고 대한민국의 탄생이 이루어지자 한국을 떠나면서 다음과 같은 충고를 남겼다. "남한에는 자기 이익만을 추구하는 기회주의적 정치가들이 있다. 모두 개인적 야심을 버리고 오로지 한국민 전체의 이익을 위해 합심 노력해야 한다…."(차상철 교수의 '이승만과 하지 장군' 中)

물론 해방의 기쁨 속에 나라를 세운다는 한 가지 목표에 모든 지도자들이 합심할 것으로 생각했던 하지로서는 서로의 불신과 증오, 분열과 민족지도자의 암살 등을 보면서 그가 겪어야 했던 3년의 세월은 잘못된 편견을 심어줄 수도 있었다.

그러나 오늘 246개의 국회의원 선거구가 모두 사라져버린 헌정 사상 초유의 사태에 대해서 그리고 여전히 정쟁의 늪에서 헤어나지 못하는 현실에 대하여 이미 세상을 떠난 하지 장군이 또 다시 한국에 와 이 꼴을 본다면 같은 말을 되풀이할지 모른다.

"자기 이익만을 추구하는 기회주의적 정치가를 탓하고 개인적 야심을 버리라."고….

경기일보(2016. 2. 3)

충무공 古宅 등 경매 3題

충무공 이순신 장군이 32세 늦깎이로 무과에 급제할 때까지 살던 충남 아산시 방화산 기슭에는 그분과 관계된 유적이 많다. 대표적인 것이 충무공 고택. 그런데 이 고택이 2009년 3월 경매에 넘어갔었다. 충무공이 말타기, 활쏘기를 하던 터까지 합쳐 경매가가 19억 6천만원. 충무공의 15대 종손 이모씨가 죽고 부인 최모씨가 고택을 담보로 7억원을 대출받아 사업을 하다 실패하자, 빚을 갚지 못해 경매에 붙여진 것이다. 이것이 언론에 보도되면서 개탄하는 소리가 높았고 다행히 충무공의 문중에서 이를 인수하여 사태는 종식되었다.

이처럼 문화재가 경매에 넘겨져 개인이나 기업체에 넘어갈 위기를 겪는 것은 충무공 고택만이 아니다. 지난 달 문화재관리청은 아산 외암민속마을에 있는 조선 후기의 대학자인 건재 이상익의 고택을 정부에서 매입하기로 하고 36억 원을 올해 예산에 긴급 편성했다고 한다.

외암민속마을은 마을 전체가 유네스코 세계유산 잠정 목록에 등재돼 있는데다 건재고택 역시 국가 지정문화재 중요민속자료 233호로 지정된 전통 한옥이고, 그 정원 또한 조선시대의 우리 정원 모습이 그대로 남아 있는 특징을 지니고 있다.

그런데 이 고택이 후손의 빚 때문에 소유권이 2009년 세상을 떠들썩하게 했던 미래저축은행으로 넘어가면서 사건이 벌어졌다. 미래저축은행의 소유주 김찬경 회장은 이 고택에서 정관계 인사를 초청, 여흥을 즐기면서 로비활동을 벌였고, 2012년 자신의 저축은행에서 1500억 원 불법 대출을 받는가 하면 고객들을 횡령하는 등 사기행각을 벌였다. 김 회장은 2012년 5월 중국으로 밀항을 시도, 경기도 화성의 한 바닷가에서 배를 타려다 잠복중인 경찰에 체포돼 9년형을 선고 받고 복역중이다.

이 바람에 아산의 건재 고택이 날벼락을 맞아 경매에 넘겨질 신세가 되었는데 다행히 문화재청이 정부 예산으로 매입을 결정한 것이다.

아찔한 경우는 또 있다. 우리나라 역사상 최고의 개혁학자, 실학자로 존경받는 다산 정약용 선생의 '하피첩(霞帔帖)' 경매사건이 그것이다. 보물 1683호로 유명한 '하피첩'은 다산 선생이 전라도 강진에 유배생활을 하던 1807년에 이루어진 것. 그러니까 유배를 떠난 지 7년이 되어도 돌아오지 못하는 남편에게 부인 홍씨는 시집올 때 입었던 저녁노을처럼 붉은 치마를 보냈는데 이것은 잊지 말라는 뜻이었을 것이다. 부인의 치마를 받은 다산 정약용은 그것을 잘라 책처럼 만들고 글을 써 아들들에게 보냈다. 인생의 가치, 선비의 몸가짐 등을 수록한 내용. 다산은 그 후에도 10년 더 유배생활을 끝내고 집으로 돌아왔는데 안타깝게도 1836년 회혼일에 숨을 거두고 말았다.

그런데 이처럼 귀중한 사연의 '하피첩'이 6.25 전란 때 후손이 분실했고 ,이것이 2004년에 파지 줍는 할머니에게 넘겨졌다가 다시 중간 과정을 거쳐 결국 경매에 붙여진 것. 다행히 개인 손에 넘겨질 뻔한 '하피첩'은 지난해 9월 선생의 고향인 경기도 남양주시에서 매입하느냐, 국립 민속박물관으로 가느냐, 관심이 높았으나 결국 국립 민속박물관에서 7억 5천만 원에 매입을 결정했다.

따라서 그 애틋한 부부의 사랑과 험난한 역사의 숨결이 담긴 '하피첩'은 국민 속으로 돌아왔다. 어디 이들 문화재뿐이겠는가? 심지어 이국땅에서 헤매는 얼마나 많은 우리 문화와 역사의 혼이 조국의 품으로 돌아오길 갈망할는지 모른다. 정부는 경매시장이나 불법거래로부터 우리 문화재를 지키는 전반적인 계획이 있어야겠다.

경기일보(2016. 1. 22)

일그러진
骨品制

JP (김종필 전 국무총리) 는 최근 언론에서 5.16 군사혁명 때 출동 군인들에게 '혁명군' 이라는 완장을 차게 했더니 혁명과업 수행에 도움이 되었다고 회고했다.

'군인'에서 '혁명군'이라는 또 하나의 특별한 신분이 탄생한 것이다. 그렇게 하여 새로 군림한 '완장'은 그 막강한 위세로 모든 분야에 파고들었다. 그것이 신분사회가 갖는 매커니즘이다.

필자가 얼마 전 인도에서도 가장 현대문명의 교류가 활발한 뭄바이에 갔을 때 있었던 일이다. 우리 일행을 태우고 여러 곳을 돌아다닌 운전기사는 호텔에 도착해서는 일행의 가방을 현관문 앞까지만 내려주고 쏜살같이 가버렸다.

안내인의 설명은 그가 인도의 카스트 신분제도에서도 '불가촉천민' 이기 때문에 호텔에 들어올 수 없어 그랬다는 것이다. 잘 알려진 대로 인도는 브라만, 크샤트리아, 바이샤, 쉬드라 등 4계급이 있지만 실제로는 2378개나 되는 계급사회로 이루어졌다고 한다. 그야말로 계급으로 이뤄진 나라. 이중에서도 약 100여개 계급은 '불가촉천민'이다. 일반인과 접촉할 수 없는 이름 그대로 천민. 가령 남의 빨래만 해주는 계급의 '도비왈라' 역시 아버지가 빨래꾼이면 아들도 그것을 대물림해야 하고 이런 사람들이 모여 집단촌을 이루고 있다.

뭄바이에서 제일 큰 빨래터 '도비가트'는 5천명 이상의 빨래꾼들이 구정물처럼 더러운 물속에서 빨래를 하는데 그렇게 인간 이하의 환경과 조건 속에서 하루 종일 일하여 버는 돈은 우리 돈 5천원 정도. 지금도 그 깡마른 체구에 움푹 들어간 눈으로 빨래를 하던 그들 모습을 생각하면 마음이 안쓰럽다. 물론 인도는 법으로 카스트제를 무효화시켰다. 그러나 법은 법일 뿐 아직도 현실은 그 카스트제가 존재한다. 우리 신라도 골품제라는 신분제의 족쇄가 발전을 가로막고 있었다. 신분의 상승은 개인의 노력에 의해 이루어지는 것이 아니어서 성골, 진골이 완전한 지배계층을 이루었고 진골 아래 6두품에서는 '아찬'까지만 신분상승을 할 수 있었다.

지금의 관직으로 계산하면 사무관 바로 아래, 군대에서는 초급 장교가 아닐까 추리해 본다. 대학자 최치원도 6두품이어서 중국에 건너가 학문을 닦고 중국 과거시험에도 합격하였지만 신라로 귀국해서는 신분의 벽에 걸려 지배계층에 오르지 못하고 후학을 기르는데 충실했다. 최신지, 최승우도 골품제 벽을 넘지 못하자 하나는 왕건에게 또 하나는 견훤에게 넘어가 결국 신라의 운명을 재촉하는 역할을 했다.

지금 우리 사회도 점차 골품제 신분제도가 굳혀가는 것 같다. 지난해 SNS상에서 가장 많이 등장했던 단어 '금수저' '흙수저'가 바로 그런 것이 아닐까? 노조원 역시 같은 조합원이 아니라 '귀족노조원'이 있고 민주주의를 표방하는 정당도 주류 비주류가 있다. 직장마다 '정규직'이 있고 '비정규직'이 있으며 그 밑에 '일용직'이 있다. 학생들이 빗자루로 교사를 폭행한 찬밥신세 취급을 받는 기간제 교사도 있다. 이들 비정규직은 신라의 골품제처럼 17계층 가운데 '아찬' 까지만 오를 수 있지만 그것도 치열하게 싸워야 하고 대단한 운이 있어야 한다. 새누리당에서도 친박, 비박이 있고 친박은 다시 진박, 가박 등으로 구분되면서 공천을 앞두고 '박심(朴心) 마케팅'이 한창이다.

인간이 모여 사는 세상, 신분제도는 어쩔 수 없이 필요하고 그것이 사회조직을 이끄는 불가피한 힘이 되기도 한다. 문제는 신분제도가 골품제처럼 폐쇄적이고 개방되지 않는 데서 오는 역기능이다. 비정규직 문제가 그래서 심각한 것이고 '귀족 노조원'이 있어서도, '흙수저'가 대물림돼서도 안 되는 것이 결국 그 폐단이 사회의 암 덩어리로 전락하기 때문이다. 이것이 대한민국이 안고 있는 오늘의 명제다.

경기일보(2016. 1. 12)

'야곱의 사다리'

지난 10월 31일 이집트 카이로를 이륙하여 러시아 상트페테르부르크로 향하던 러시아 에어버스 A—321 여객기가 비행 23분만에 공중폭발하여 224명의 목숨을 앗아갔다. 결국 이 사건이 IS(이슬람 국가) 소행으로 밝혀지자 가장 분노한 것은 푸틴 러시아 대통령이었다. 그는 즉시 시리아의 IS 주요시설, 특히 그들의 자금줄이 되고 있는 석유 시설을 폭격으로 쑥대밭을 만들었다.

그렇다고 IS가 손을 들고 말았을까? 아니다. IS는 더욱 기승을 부리고 있다. 그 꼴을 보며 분노를 삼켜야 하는 푸틴은 '힘의 한계'를 느끼면서 새삼 '무력감'을 느꼈을 것이다.

파리 한 가운데서 IS의 테러로 130명의 사망자와 2백여 명의 중상자를 낸 11월 13일의 참사를 겪은 프랑스도 엄청난 규모의 보복을 감행했지만 역시 돌아온 것은 '무력감'이다.

어쩌면 2015년을 보내면서 우리는 나라 안팎에서, 그리고 우리의 삶 속에서 그런 무력감을 화산재처럼 뒤집어쓰고 살았는지 모른다. 세월호 침몰 후 1년 8개월, 우리는 무엇을 했고 무엇이 달라졌나? 두 발을 구르며 몸부림쳤지만 오직 '무력감'이었다.

지난 봄부터 온 나라를 공포에 몰아 넣었던 메르스 사태를 잊을 수가 없을 것이다. 최첨단의 의료시설과 최고의 의료진으로도 그것을 막지 못하고 우왕좌왕했을 뿐이다.

참으로 해괴한 것은 국회선진화법이다. 초등학교에서부터 민주주의는 다수결의 원칙이라고 배웠는데 정작 민주주의의 전당이라는 국회에서는 당리당략에 의해 이 카드를 들고 나오면 아무것도 할 수 없는 반신불수가 되고 만다. 이럴 바에야 굳이 다수당이 되어야할 이유가 없다. 정말 이처럼 국민들에게 무력감을 안겨준 것은 일찍이 없었다.

민주노총 한상균 위원장이 조계사를 도피처로 삼았을 때 역시 우리의 법과 공권력은 화석에서나 볼 수 있는 유니폼에 불과했다.

가계빚이 1천조에 이르는데다 취업도 하기 전에 신용불량자가 돼버린 20만명의 젊은이들, 그저 길에서라도 어깨가 축쳐진 힘없는 젊은이들을 보면 내가 큰 죄를 지은 것처럼 느껴진다. TV에서 한 젊은이는 19곳에 이력서를 냈지만 모두 낙방이었다고 긴 한숨을 내쉬었다.

어떻게 해야 하는가? 그래도 싸움으로 365일을 보내는 우리 국회! 이렇듯 '무력감'에 빠져있는 젊은이들에게 무엇을 말하랴.

도대체 사다리가 보이지 않는다. 큰 선박에는 으레 구명도구와 함께 밧줄로 만든 사다리가 위에서 아래로 길게 늘어져 있음을 볼 수 있다. 재난을 당했을 때 이 밧줄 사다리는 선원들에게 큰 희망이 되어준다.

흔히 옛날부터 선박의 '밧줄 사다리'를 '야곱의 사다리'라고도 불렀다. 구약 성경에 야곱이 형 에사우의 미움을 받고 광야로 도망쳤는데 하루는 돌베개를 베고 자다 꿈을 꾼다. 천사들이 하늘에서 사다리를 타고 오르내리는 모습이 보이면서 하느님의 축복을 받는 꿈이었다. 그 후 이 '사다리'는 인간의 '돌베개'를 베는 고통과 외로움 속에서도 구원과 희망을 말해왔고 유명한 화가들의 손을 거쳐 이미지화 되었다.

마침 지난 달, 백제 왕궁터로 추정되는 공주 공산성 발굴 현장에서도 1400년이 넘은 사다리가 나와 언론에 크게 보도되었다. 못을 사용하지 않고 참나무로 정교하게 만든 이 사다리는 큰 행사때 소중하게 쓰여지지 않았을까 생각이 된다.

그렇게 사다리는 방황하는 이들에게 삶의 희망이며 꿈이다. 이제 2016년을 맞아 무력감에서 벗어나도록 정치권이 뼈를 깎는 각오로 젊은 세대에게 사다리를 만들어줘야 한다.

경기일보(2016. 1. 6)

황우석,
다시 살아날까?

'세계 최초', '세계 최연소'… 이런 것에 우리는 너무 열광한다. 그래서는 안 될 학문에서까지도 그런 병이 있다.

지난 11월 천재 소년으로 잘 알려진 송유근 군이 17세 나이로 받게 될 최연소 박사학위가 미국 천문학회로부터 '논문 표절'이라는 딱지를 받아 세계적 망신을 당했다. 물론 지도교수의 '최연소' 조급증으로 빚어진 것이 큰 원인이었지만 송군에게는 돌이킬 수 없는 상처가 아닐 수 없다.

여섯 살에 그 어려운 미적분을 척척 풀고 여덟 살에 대학을 입학한 송 군은 지금 상황이야 어쨌든 천재임에는 틀림이 없는 것 같다.

그리고 그는 자신의 이번 논문 '편미분방정식'에 대해서도 자부심을 갖고 있으며 '과학자는 결과를 말할 뿐'이라는 흔들림 없는 자세를 갖고 있다. 지도교수의 논문을 인용하는 처리방식이 잘못되었을 뿐 논문의 본질에 대해서는 변함이 없다는 뜻인 것 같다.

배아줄기세포 조작으로 세계를 발칵 뒤집어 놓음으로써 온갖 수모를 다 뒤집어쓰고 학계에서 죽은 줄 알았던 황우석 박사 역시 과학자는 결과를 말할 뿐이라는 자세로 요즘 다시 동물복제와 줄기세포 연구에 말없이 재기를 시작했다. 정말 그를 보는 우리의 눈은 혼란스럽기만 하다.

돌이켜보면 그에게도 우리는 너무 조급증을 보인 것 같다. 2004년 노무현 정부는 그에게 훈장을 수여했고 3부 요인에 해당하는 경호를 받게 했으며 2005년엔 과학기술부가 제1호 최고 과학자로 선정했다.

그리고 잇단 국제학술지 논문 발표 등 노벨상을 향한 고공행진을 계속하다 배아줄기세포의 논문조작으로 하루아침에 천당에서 지옥으로 떨어져 부도덕한 사이비과학자로 지탄을 받았다. 그리고 이 조작 사실을 고발했던 류 모 교수는 최근까지도 '노벨상과 권력에 대한 욕구가 빚은 결과'라고 말하고 있다.

그런 황우석 박사가 지난 달, 중국 최대 규모의 줄기세포 기업인 보야라이프 그룹이 황우석 박사 연구진을 불러들여 세계 최대 동물복제 공장을 설립한다고 발표했다.

여기에 들어가는 2억 위안(한화 359억원)이나 되는 사업비도 중국 측에서 전부 부담하며 공장이 완성되면 연간 도축용 소를 최대 100만 마리까지 생산하게 된다는 것이다. 소뿐만 아니라 마약 탐지견, 경주마도 생산하게 된다. 돼지고기 위주에서 고급 쇠고기로 입맛을 전환하는 중국인들에게 소의 대량 복제는 그 전망이 밝은 것 같다.

중국 말고도 황우석 박사는 리비아에서도 난치병 치료를 위한 줄기세포 연구 등 활동무대를 확보했으나 카다피 정권의 붕괴로 무산된 바 있다.

어쨌든 그의 연구열은 그런 혹독한 비난을 받고도 다시 일어서고 있고, 무엇인가 어떤 결과를 보여주기 위해 몸부림을 하는 것 같다.

그래서 황 박사의 수암 생명과학연구소는 서울대에서 나온 연구진이 처음 20명에서 지금은 70명으로 크게 늘어났고 그의 연구실적 중 세계가 인정하는 NT－1에 대한 7년간의 법정투쟁에서 승소하는 등 무언의 행진을 계속하고 있다.

뿐만 아니라 이와 같은 상황 변화를 말해주듯 지난번 김영삼 전 대통령의 장례 때에는 황 박사가 문상하는 모습이 포착되기도 했다.

“정말 죄송합니다. 앞으로 참회하겠습니다.”

2006년 1월 이 말을 마지막으로 무대에서 내려왔던 황우석, 그로부터 만 10년의 세월이 흘렀고 그도 60대 중반이 되었다. 그 참회와 국민에 대한 죄책감을 보상하는 차원에서라도 다시 일어서는 그가 무엇인가를 보여준다면 우리는 위안을 받을 수 있을 것이다.

“과학자는 결과를 말할 뿐이다.”

경기일보(2015. 12. 29)

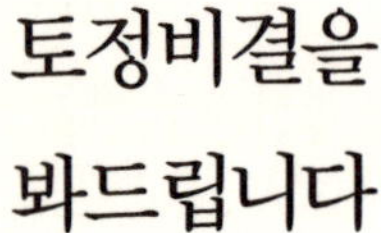

토정비결을 봐드립니다

볼리비아 같은 남미 국가 중에는 원주민들의 토착 미신행위가 깊게 뿌리박고 있어 쉽게 없어지질 않는다. 그래서 어떤 곳에서는 큰 집을 지을 때 희생 제물로 사람을 산 채로 땅 속에 묻고 일을 시작한다고 한다. 거기에 제물로 묻힐 사람은 병들거나 늙은 사람이 아니라 젊고 잘생긴 남자라야 한다는 것.

우리나라도 마찬가지다. 지난 달, 세 자녀와 어머니가 얼굴에 복면을 하고 기자회견을 통해 가까운 지인들에게 성폭행을 당했다고 폭로하여 충격을 주었다. 그런데 얼마 못 가 이것이 무속인의 사주를 받고 행해진 자작극임이 밝혀져 또 한 번 충격을 주었다. 무속인은 그렇게 해야 남편이 죽을 수밖에 없는 악운에서 구하게 된다고 사주한 것이다.

요즘 신문이든 잡지든 '오늘의 운세' 또는 '이달의 운세'가 게재되고 있다. 그런데 재미있는 것은 같은 나이에도 신문마다 그날의 운수가 다르다는 것이다. 어떤 신문의 운세에는 오늘은 목(木)씨 성을 가진 사람을 만나면 손재수가 있다 하고, 어떤 신문의 운세는 목(木)씨 성을 만나면 큰 기회가 올 수도 있다고 한다.

또 최근에는 부산의 한 야산에서 '사람 살리라'는 여자의 비명을 듣고 경찰과 구조대원들이 출동했는데 범인(?)을 잡고 보니 취업난에 고민하던 여성들이 그렇게 하면 취업이 된다는 미신을 믿고 저지른 해프닝이었다.

경제사정이 어렵고 특히 젊은이들의 취업난이 심각한 현실을 고려할 때 그 간절한 마음이 이런 형태로 나타날 수도 있을 것이다.

더욱 한심한 것은 내년의 국회의원 총선거를 앞두고 빚어지는 각종 형태의 무속행위다.

'출마를 할까?'

'출마하면 당선될까?'

'어느 정당, 어느 쪽에 줄을 설까?'

그에 대한 대답을 자신의 정치신념이나 그동안 닦아온 공덕에 의지하여 판단하는 것이 아니라 무속인이나 사주팔자를 보는 직업적 운명감정가에 묻는 것이다. 그리고는 그가 하라는 대로 굿을 할 수도 있고 돈을 바칠 수도 있다.

연말이 되면서 새해의 운을 보는 토정비결이 크게 번지고 있다. 토정비결을 만든 사람은 충남 보령에서 1517년 태어난 이지함 선생이다. 그는 나이 56세가 넘어 경기도 포천 현감으로 벼슬길에 나섰으나

가는 곳마다 무리한 빈민구제 사업을 벌여 상 · 하에 갈등을 빚었다.

특히 그는 오래전부터 임진왜란이 일어날 것임을 경고하는 등 미래에 대한 예언적 메시지를 잘 알려 백성들로부터 존경을 받았다. 이런 통찰력 때문에 백성들이 끊임없이 그를 찾아와 자신의 운명에 대한 예언을 듣고자 했다. 그만큼 임진왜란으로 피폐해진 백성들은 미래에 대한 갈증을 그에게서 풀고 싶어 했다.

그래서 이지함은 일일이 사람을 만나기가 번거로워 한 권의 책으로 만들었는데 그것이 바로 '토정비결'이라는 것이다. 그런데 일부에서는 이지함의 이름을 빌려 만든 책이지 이지함이 직접 저술한 것은 아닐 것이라는 주장도 있다.

사실 그는 나라의 부강을 위해 이미 그 시대에 해외통상을 주장했고 자원개발을 제창한 개혁적인 인물이었다. 그런 비결 따위로 백성을 계도하지는 않았을 것이라는 말이다. 그렇다면 이지함 선생은 오늘 자신에게 찾아와 토정비결의 운을 묻는 정치인이 있다면 이렇게 말할 것이다.

"먼저 국민의 신뢰를 받으시오!"

그리고 젊은이들에게는 이렇게 말할 것이다.

"길은 당신 마음에 있다."

경기일보(2015. 12. 22)

KAIST에 온 '산타할아버지'

경기도 의정부시에 살고 있는 70대의 노부부가 지난 11월 16일 대전에 있는 KAIST를 찾아왔다. 강성모 총장을 만나 자신이 갖고 있는 부동산 75억원 상당을 KAIST에 유증하는 약정서를 전달했다. 유증(遺贈)이란 재산을 자식들에게 상속하지 않고 전부 무상으로 기증한다는 것.

이처럼 감동적인 쾌거를 거행한 이승웅, 조정자씨 노부부는 해진 신발과 허름한 차림으로 사람들을 또 한 번 놀라게 했다. 이들은 그렇게 검소하게 살면서 재산을 모은 것이다.

"추운 겨울 자전거를 타고 집으로 오는 길목에 순대국밥 식당에서 나오는 냄새가 몹시도 구미를 당겼지만 그걸 이기며 살았다."는 이씨는 신발도 몇 번을 꿰매어 신고 다닐 정도로 검소했다. 이들 부부는 이런 생활로 서울과 의정부에 부동산을 마련했는데 이번에 모두 KAIST

에 기증한 것이다.

특별히 KAIST와 인연이 있는 것도 아니다. 다만 우리나라에 가장 중요한 것이 무엇일까 고민하다가 과학기술 인재를 기르는 것이라는 결론을 내리고는 즉시 결단을 내렸다는 것이다.

이들 노부부로 하여금 결단을 내리게 한 과학기술, 사실 이것이야말로 오늘의 대한민국을 이끈 가장 큰 동력이면서 앞으로도 그럴 것이 분명하다는 명견(明見) 때문일 것이다. 그러면서 지금 우리가 위협적으로 도전받고 있는 것도 과학기술이라는 사실도.

우리는 가끔 이런 질문을 받는다. 과연 5년 후에도 스마트폰 시장에서 우리의 제품이 압도하고 있을까? 우리의 자동차가 중국 거리에서 활보할 수 있을까? IT와 TV, 조선에서도 그럴까?

여기에 대해 자신 있게 대답할 수 없는 게 우리 주변 환경이다. 그 가장 위협적인 나라가 중국이다. 중국은 이미 스마트폰에서 '화웨이(華爲)'가 우리 삼성의 갤럭시를 앞섰고 유조선을 비롯한 조선 분야에서도 우리를 앞지르려 하고 있다.

더욱 두려운 것은 IT 분야다. 중국은 이 분야에 예산과 인력을 집중적으로 투입하고 있고 이미 유인 우주선을 성공시킨 기술을 발전시켜 항공산업에도 자신감을 보이고 있다.

우리나라가 앞서가던 과학기술 분야에서 이제 중국은 무서운 속도로 추월을 시작했고 우리는 현실에 안주하고 있다. 변변한 자원 없이 과학기술에 의해 먹고 살았던 우리가 이렇게 뒤지게 되면 우리의 미래는 어떻게 되겠는가?

이들 노부부는 그래서 그 큰 재산을 사회복지시설이나 공공시설에 기증하는 것보다 더 절실한 것이 이 나라의 과학기술 인재를 기르는 것이라 판단하고 그 요람인 KAIST를 찾은 것이 아닐까? 대기업가도 아니고 정치인도 아닌 평범한 서민의 가슴에서 그런 고민이 솟구쳤음은 참으로 박수를 보낼 일이다.

KAIST는 이들 부부에게 신발을 한 켤레씩 선물하여 박수를 받았는데 그 밑바닥에는 더 뜨거운 감동이 흐르고 있었다. 정말 KAIST로서는 크리스마스를 앞두고 찾아온 산타할아버지였다.

KAIST는 TV드라마로 국민적 관심을 모은 적도 있지만 의정부 노부부가 전 재산을 기증할 정도로 변함없이 국민적 기대를 모으고 있다. 그만큼 KAIST가 대한민국 과학기술의 중심에 서있다는 이야기다.

그래서 한 국제조사기관의 발표에 의하면 아시아에서 1위 일본 도쿄대에 이어 KAIST가 8위를 차지할 정도가 되었다. 참으로 자랑스러운 우리의 미래요 희망이다.

의정부 노부부 뿐 아니라 지금까지도 KAIST를 위해 재산을 내놓는 미담이 자주 있었지만, 앞으로도 이런 기부 행렬이 계속 이어진다면, 그것이 곧 우리 미래의 희망이 아닐까 생각해 본다.

경기일보 (2015. 12. 15)

공무원의 나라, 세종시

세종시의 한 중국식당에서 있었던 일이다.

모 부처의 6급 직원이 가족들과 함께 저녁식사를 하고 있는데 같은 부서의 서기관 역시 가족들과 함께 가까운 테이블에 자리를 잡았다. 6급 직원이 얼른 일어나 상급자인 서기관에게 가서 인사를 했다. 자연히 부인도 일어나 인사를 했다. 그런데 두 가정의 중학생 아들이 모두 같은 반 친구여서 서로들 아는 척을 했다. 두 가정은 각기 식사를 마치고 헤어졌다.

이런 과정에서 6급 직원의 아들이 자기 아버지가 상급자에게 인사를 하는 모습이 지나치게 저자세로 비쳐졌을 수도 있다. 거기다 엄마까지…. 또 서기관의 아들은 그런 속에서 우쭐하는 마음이 들 수도 있다.

사실 공무원이 대부분인 세종시에서는 이런 일이 흔하게 일어날 수 있다. 그런데 최근 한 포털사이트에 세종시가 마치 이런 복잡한 구조의 계급사회로 갈등을 빚는 것처럼 문제를 다루어 논란이 되고 있다.

하지만 천만다행인 것은 말단 9급에서 장차관에 이르기까지 9개 부처 2만 명 상당의 공무원이 어깨를 부딪치며 살고 있는 세종시에서는 의외로 그런 일은 일어나지 않고 있다. 이제 우리 공직사회도 사무실 안과 밖의 자기 위치에 대해 어떻게 처신해야 하는지 성숙해지고 있는 것이다.

제일 민감한 곳이 학교의 엄마들 모임인데 여기서도 '계장 사모님', '과장 사모님'하는 식의 지위가 아니라 엄마라는 동등한 자격으로 활동하고 있음은 다행이다.

문제는 이런 자리에서 삐딱한 사시(斜視)를 가진 사람들이 이야깃거리를 만들어 내는 것이다. 가령 앞에서 이야기한 중국 식당의 경우 상급자를 만났을 때, 그 가족에까지도 인사를 하는 것이 '예의'로 보지 않고 '계급사회'의 현상으로 해석하고 그것을 과장시켜 다른 사람들에게 "아무개 아버지는 아부를 잘 한다."고 퍼뜨리면 그것이야말로 사회의 병폐가 된다.

마찬가지로 학교 엄마들 모임에서 열심히 봉사하는 과장 부인을 두고 학교에서까지 과장 행세를 한다고 힐난하면 정말 어떻게 되겠는가?

몇 년 전 군부대가 밀집한 A지역의 심각한 문제는 바로 아빠의 계급과 관계된 것이었다. 학교 친구끼리도 '우리 아빠는 소령이야'하면 '우리 아빠는 중령인데….'하는 식의 말싸움이 자주 발생했고, 그 가운데 하사관의 자녀들은 많은 열등감을 안아야 했다. 심지어 부인들까지도 계급대로 어울린다고 했다.

그런데 시대의 흐름은 빠르게도 이 군부대 밀집지역의 그와 같은 현상을 불식시키고 있고 각자의 개성과 인격을 존중하는 사회로 진입하고 있다는 것이다. 당연한 추세다.

흔히 사회에서 말썽이 되고 있는 '갑질'의 악폐가 오히려 계급이 세분화되어 있는 공직사회에서는 설 자리를 잃어가는 것. 물론 국가 사회에서 계급은 어느 조직이든 없을 수 없다. 그리고 거기에 따른 갈등도 있기 마련. 그래서 '금순가락을 물고 태어난 사람' 또는 '흙순가락을 물고 태어난 사람' 하는 심장을 찌르는 '불공정'의 세태를 개탄하는 소리도 높다.

그러나 적어도 같은 류의 계급사회, 이를테면 세종시의 공무원 사회에서는 적어도 외면적으로는 그것을 잘 조화시키고 있는 것 같다.

문제는 같은 대한민국 땅이라 해도 서울 명동의 땅값, 제주도의 땅값, 그리고 세종시의 땅값이 그 역할에 따라 차이가 나는 것을 서로 인정하듯, 그 직급의 상하를 떠나 서로 존중하는 것이 중요하지 않을까?

경기일보(2015. 12. 9)

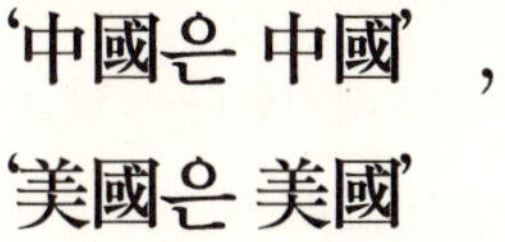

'中國은 中國', '美國은 美國'

시진핑(習近平) 중국 주석은 지난 9월 미국을 방문했을 때 시애틀의 보잉사에 들러 비행기 300대(3백억 불)를 구매했다. 미국이 중국의 통 큰 구매에 놀란 것은 물론이다. 더 나아가 이번에는 미국 농민들이 생산한 콩을 1천3백만 톤이나 사겠다고 했다. 시가 53억불.

이 통 큰 중국 주석은 한 달이 못돼 영국을 방문하여 또 그런 통 큰 모습을 보여주었다. 50조원이나 되는 경제교류에 영국은 그에게 레드카펫을 깔아주었고, 미국 오바마 대통령도 타보지 못한 황금마차를 타고 엘리자베스 여왕과 나란히 버킹엄궁으로 갔다.

이 같은 모습에 가장 배 아파할 나라는 전통적으로 영국과 가장 가까운 미국일 것이라고 외신들은 전했다. 그러나 돈 앞에는 냉혹한 것이 국제사회가 아닌가? 뿐만 아니라 중국의 국내 시장이 세계 시장의 판도를 바꾸기 시작한 지도 오래됐다.

또한 중국 사람들이 커피를 마시기 시작하자 세계 커피 시장이 요동을 쳤다. 전통적으로 중국 사람은 차를 즐겨 마셨고 그 역사도 4천년이나 된다. 그런데 중국의 젊은이들이 커피 맛에 길들여지면서 아예 스타벅스 같은 커피 회사가 중국 차의 최대 생산지 운남성에 커피를 재배하기 시작했다. 참으로 대단한 변화다.

지난여름 우리나라가 메르스 전염병으로 중국 관광객이 발길을 끊게 되자 우리 내수시장이 얼마나 타격을 입었는가.

이번에는 중국이 35년만에 '한 자녀' 정책을 폐기한다는 발표에 분유, 기저귀, 유제품의 세계 시장이 활짝 웃고 있고 특히 우리나라의 관련 주식들이 어떤 것은 하루에 주가가 10.55% 급등하는 것도 있었다.

그럴 수밖에 없는 것이 중국에서 매년 5백만 명 상당의 신생아가 추가 탄생을 하게 되면 중국의 유아 산업이 올해보다 58% 커진 3조196억 위안에 달할 것이고, 이에 편승해 우리나라의 남아도는 우유 문제를 비롯 유아용품 수출에 돌파구를 마련할 것이라 보기 때문이다.

여기에다 지난주 한 · 중 · 일 정상회담 참석차 방한한 리커창 총리의 한국산 쌀과 삼계탕 수출 장벽의 완화 조치는 우리의 쌀 문제와 인삼 농가, 양계 농가에 큰 도움이 될 것으로 업계는 고무되어 있다.

언제부터 중국이 이렇게 거인이 되었을까? 70년대, 80년대까지만 해도 중국을 여행하던 일본, 한국 사람들은 문짝도 없는 남녀공용 화장실, 수준 이하의 공항, 때가 꼬질하게 낀 택시를 비웃었으며 그리고 술집과 음식점에서는 우쭐한 자세로 만 원짜리 지폐를 종업원 팁으로 펑펑 뿌리지 않았던가?

우리의 많은 기업들은 싼 인건비에 중국 공장을 짓고 생산품을 현지에 팔아 재미도 봤는데 이제 그런 시절은 옛날이야기가 되고 있다. 이렇게 지금은 중국의 경기지수가 우리 경제에 웃음을 주기도 하고 눈물을 주기도 한다. 일본, 미국, 그리고 EU까지도 제쳐버린 중국과의 무역규모. 남북문제에서 그나마 북한에 압력을 줄 수 있는 이웃도 중국이다.

정말 중국은 우리에게 무엇인가? 단군 이래, 우리 조상들부터 현재에 이르기까지 5천년을 평화와 문화를 공유하기도 하고 때로는 전쟁으로 부딪치고 고민하여 오늘에 마주한 중국이 아닌가?

이런 상황에서 미국은 우리의 안보와 자유민주체제를 수호한 혈맹이고 중국은 피할 수 없는 이웃이라는 이 엄연한 현실에서 우리는 과연 어느 쪽에 서야 하는가? '중국은 중국'이고, '미국은 미국'이라는 어찌 보면 단순 논리의 해답을 쓸 수밖에 없는 정말 이것이 우리가 갖는 지정학적 숙명이고 이 숙명은 우리 후손들에게도 이어질 것임이 안타깝다.

경기일보 (2015. 12. 2)

제2장

휴전선 철조망으로 만든 가시관

女性 장관 1호

이달 20일이면 우리나라 여성장관 1호였고 중앙대학교의 설립자인 임영신(任永信) 박사 38주기를 맞는다.

그의 고향 충남 금산을 비롯, 올해도 몇몇 관련 단체에서 조촐한 기념행사가 마련되고 있다. 독립운동가, 교육자, 정치인, 그리고 한때 친일논쟁까지 불러일으킨 그의 생애는 정말 드라마틱하다.

그는 먼저 구한말의 두터운 여성차별을 싸워야할 목표로 정했다. 여자는 학교에 가서도 안 되고 정치에 관심을 가져서도 안 되는 상황. 심지어 그 아버지는 일찍이 기독교를 받아들였음에도 딸을 학교에 보내는 걸 거부했다. 그래서 임영신이 처음으로 결단을 내린 것은 아버지를 상대로 단식 투쟁을 벌인 것이고, 마침내 전주에 있는 지금의 여자고등학교와 같은 기전학교에 입학을 하는데 성공한다.

기독교 계통의 여학교인데도 당시 학생들은 얼굴을 가리는 '쓰개치마'라는 것을 뒤집어쓰고 다녀야 했다. 임영신은 이 역시 여성차별이라 생각하고 전교생을 움직여 '쓰개치마' 거부운동을 벌였고 1916년에는 이 운동이 전국으로 확대되어 여학생들의 '쓰개치마' 착용이 폐지되기에 이르렀다.

여성해방운동에 어느 정도 자신감을 얻은 임영신은 그 다음 항일 독립운동으로 방향을 돌렸다. 조회 때 일본 국가 안 부르기, 교실에 걸려 있는 일왕의 눈에 구멍내기, 그리고 마침내 3.1 운동에 가담하여 일본 경찰에 체포됐다. 감옥에서 극심한 신체적 고통을 겪고 3년 6개월의 집행유예로 풀려났다. 그때 그는 스스로 '나는 한국의 잔다르크가 되겠다.'고 결심하고 1923년 독립운동을 위해 미국으로 건너갔다.

그리고 미국에서 독립운동을 전개하고 있는 이승만 박사를 운명적으로 만나 독립운동 동지가 된다. 독립운동 자금을 모으는 일, 미국 언론사에 일본을 규탄하는 글을 보내고 독립운동 조직을 확산하는 일에 몰두했다.

그가 얼마나 이승만 박사와 호흡을 같이 했는가는 그의 호를 '승당(承當)'이라고 한 것에서 알 수 있다. 즉 '승(承)'은 이승만의 이름 가운데 자이고 '당(當)'은 이승만의 집이라는 뜻이다.

과연 그는 대한민국이 건국되자 초대 상공부장관이 되었다. 우리 역사에 여성장관 1호가 된 것이다. 그때의 각료 명단에 여성인 그의 이름이 들어가자 세상이 발칵 뒤집히다시피 충격을 주었다. 지금은 여성 대통령까지 나왔지만 그때는 그랬다. 장관이 되기에 앞서 임영신은 해방과 함께 '대한여자국민당'을 창당, 총재가 되어 이승만의 건국

작업을 도왔는데 이 역시 우리나라 여성 당수 1호가 된 것이다.

뿐만 아니라 그의 탁월한 영어 실력과 정치 수완으로 UN에 파견돼 대한민국을 승인받는다든지 6.25때 UN의 지원을 받는 등 눈부신 활동을 했다. 그러나 일제 말기 귀국하여 교육사업을 전개하는 과정에서 학교를 지키기 위한 일제와의 어쩔 수 없는 제한된 협력이 친일로 매도되기도 했다.

또한 결혼의 실패, 이승만대통령의 부인 프란체스카 여사와의 갈등, 두 번에 걸친 부통령 출마 실패, 상공부 장관 시절 독직 혐의로 수사를 받고 결국 무죄로 끝났지만 '여성 임영신'이 겪어야 했던 아픈 상처도 많았다. 이런 것들은 어쩔 수 없는 인간적인, 너무나 인간적인 상처들이어서 연민을 느끼게 한다.

임영신, 그는 자신의 결심대로 '한국의 잔다르크'가 되지 못했는지는 모른다. 그러나 거기에 가까이 가려고 노력한 건 분명한 것 같다. 그의 38주기를 맞아 느끼는 소회다.

경기일보(2015. 11. 17)

TK 맹주, 충청도 맹주

최근 한 종편 방송이 대구 출신 유승민 새누리당 국회의원의 근황을 소개했다. 유의원이 원내대표에서 '축출된' 지 100일만에 공개적인 강연을 시작으로 활동을 시작했다는 것이다.

정치인이 강연을 하고 유권자와 만나고 하는 것은 당연한 것인데 굳이 유 의원이 뉴스의 초점이 된 것은, 박근혜 대통령과의 불편한 관계와 그가 100일만의 공개강의에서 TK 역할을 강조한 때문일 것 같다. 이 때문에 서울에서 20여명의 기자들이 몰려가 귀를 기울였고 현지 유권자들도 관심을 쏟았을 것이다.

보도에 따르면 유 의원은 '박정희 대통령의 따님'을 대통령으로 만든 대구·경북이 이제 그 다음도 준비를 해나가야 한다고 강조했다. 오랜만에 기지개를 켜고 연단에 선 유 의원의 발언으로서는 실망과 함께 또 지역감정의 바람을 일으키고 있는 것 아닌가 하는 우려도 낳게 했다.

이날 이를 보도한 방송도 그동안 박정희, 전두환, 노태우, 이명박, 그리고 지금의 박근혜 대통령에 이르기까지 대구 · 경북, 소위 TK지역에서 5명의 대통령이 배출됐는데 유 의원이 '대구가 개혁의 중심이 돼야한다.' '그 다음도 준비를 하자.'고 한 것은 그가 'TK맹주'를 지향하고 있는 것은 아닌지 조심스럽게 다루었다.

그러면서 방송은 노태우 대통령 시절의 황태자로 불리던 박철언 전 장관이 "TK는 박정희 대통령을 비롯 30여 년 이 나라 근대화의 주역이었으며 통일신라시대 이후 1,000년 주도세력이었다."고 한 말을 상기시켰다.

그러니까 유 의원의 이날 강연 내용과 박철언 전 장관의 발언이 겹쳐지면서 시청자로 하여금 벌써 김문수 전 경기지사, 최경환 경제부총리 등 TK의 성골 · 진골 쟁투가 벌어졌고 그것이 곧 다음 대권과 이어지는 것인가 하는 느낌을 받았다.

과연 그런가? 맹주는 TK만 있고 경기도, 충청도는 없는가? 충청도의 경우 지난번 이완구 전 국무총리의 낙마로 전국이 요동칠 때 충청도 사람들에게는 '성완종으로부터의 불법정치자금' 여부를 떠나 애석해하는 부분이 있었다.

그가 충청도 맹주로 등장하고 있다고 생각했고 관심을 모았는데 성완종의 유서 한 장에 총리자리가 무너져 버렸기 때문이다. 그동안 충청도 맹주로 자타가 인정하던 JP(김종필 전 총리)가 만년 2인자로 머무르다 주저앉은 터라 이완구 전 총리에 대해서만은 정치기류를 잘 타서 대권에까지 이르렀으면 하고 바라는 사람도 적지 않았다.

이렇게 허탈해 하는 충청도 사람들에게 반기문 UN사무총장의 대권론 부상은 큰 관심사가 되고 있다. 반 총장은 국내 정치에 대해 어떤 언급도 없었고 특별히 충청도 맹주로서의 욕심을 간접적으로도 표시한 적이 없다. 그런데도 그는 여전히 다크호스로 떠오르고 있다.

문제는 TK니, 호남이니, 충청이니 하는 '지역적 등가성'에 의해서가 아니라 인물에 의해 대권의 반열에 올라야 한다는 것이다. 그게 아니고 특정 지역의 맹주이기 때문에 대권이 주어진다면 그것은 우리 정치 발전을 되돌리는 것이다.

앞으로 시간이 다가오면서 이와 같은 지역주의에 사로잡힌 사람들의 자극적 발언이 잦아질 텐데 참으로 우려스럽다. 일순간 지역민들을 단합시키는 데는 지역감정을 건드리는 것이 가장 손쉬운 방법이다. 그러나 이와 같은 유혹에서 벗어나는 용기 있는 정치인이 필요하다. 그런 정치인의 용기를 보고 싶다.

'맹주'니 '대부'니 하는 전근대적 용어 자체가 사라져야 한다.

경기일보 (2015. 11. 10)

安眠島

단풍이 절정을 이루는 10월은 산이 좋다. 그러나 10월의 안면도(安眠島)는 산보다 더 아름답다. 만리포, 천리포에 등을 기대고 누워있는 안면도의 백사장은 가을 햇빛에 더욱 눈부시고 그 출렁이는 파도와 갈매기떼는 너무 시적(詩的)이다.

특히 이맘때면 바로 옆 천리포의 수목원이 수줍게, 그러나 찬란하게 변색을 한다. 10여 년 전 세상을 떠난 미국인 민병갈(본명 C.F. Miller) 씨가 평생을 가꾸어 온 이 수목원은 세계 60여 나라 식물 1천3백종이 잘 가꾸어져 우리나라뿐 아니라 세계적 수목원으로 각광을 받고 있다.

그는 1979년 한국인으로 귀화했고 평생 수집해온 이 수목원을 그가 사랑했던 한국에 남기고 2002년 세상을 떠났다. 그가 생전에 그토록 사랑했던 이곳 안면도는 그만큼 가을에 빛을 발한다. 천리포 수목원에서 좀 더 남쪽으로 내려오면 꽃지해수욕장이 있고 이 일대의 늘편한 횟집들이 대하축제를 찾는 여행객들의 발길을 잡아 끈다.

안면도의 가장 숨겨진 보물이라고 할 수 있는 적송(赤松) 휴양림!

어쩌면 저렇게 밋밋하고 고고하게 수많은 세월 억센 해풍을 거스르며 하늘을 향해 뻗어날 수 있었을까? 한때의 홍학이 모여 기도라도 하는 듯 그렇게 붉은 몸통의 노송들이 조용히 바람 소리를 내고 있다.

이 아름다운 안면도의 가을. 그러나 안면도의 아름다움 뒷면에는 냉혹한 사연들도 엮여있다.

원래 안면도는 섬이 아니었다. 1638년 인조 16년은 나라가 병자호란으로 쑥대밭이 된 지 채 1년밖에 안 되었는데 조정에서는 안면도 북쪽 신온리와 남쪽 창기리를 뚫는 대운하 공사를 벌였다. 그래서 전국 각지에서 많은 백성이 노역에 동원되었다.

지금처럼 현대식 장비가 갖추어지지 않은 그 시절 이런 대공사를 한다는 것은 여간 힘든 일이 아니었다. 더욱이 병자호란으로 국고가 바닥나 있는 상태였다. 그런데도 이처럼 일을 벌일 수밖에 없었던 것은 역시 텅 빈 국고를 채우기 위해서였다.

지금도 안면도 근해에는 고려 혹은 조선시대 선박이 심심찮게 인양되고 있다. 조선조의 절대적 재원인 호남의 곡물을 싣고 한양을 향하던 선박, 호남지방의 분청사기를 비롯 왕실 용품을 가득 실은 선박…. 이런 선박들이 안면도 근해의 험한 물살과 복잡한 지형에 갇혀 좌초되곤 했던 것.

원래 이곳 물살이 험하여 난행량(難行梁)이라 했는데 조운선(漕運船)의 사고가 너무 많아 지명을 안면도로까지 고쳤고 안파사(安波寺)

라는 절도 세웠지만, 그래도 사고는 줄지 않았다.

거기에다 호남지방에서 올라오던 배가 이곳에 이르러 일부러 조난을 당한 것처럼 허위 보고를 하고는 배에 실었던 곡물을 빼돌려 암거래하는 일도 자주 발생했다. 그래서 백성들 사이에서는 '안면도에서는 쌀이 썩는다.'는 말이 나돌았다. 조정에서도 이런 정보를 입수하여 현지에 조사관을 파견해 보았지만 조사관들도 한통속이 되어 뇌물을 먹고 유야무야해버린 일이 잦았다는 것.

그렇게 조선은 부패가 만연했던 것이다. 정부 국고에 들어가야 할 세곡을 험한 바다가 삼키고, 멀쩡한 배도 조난당한 것처럼 도둑질하고, 관리들은 그 도둑을 등쳐먹고…. 엉망진창 세월호의 비리구조가 그때도 똑같았다.

그래서 안면도를 돌지 않고 빠르고 안전한 항로를 확보하고 조난을 막기 위해 운하를 만들고 또한 비리까지 없애겠다는 것이었는데, 그렇다고 기강이 바로 잡혔을까? 애꿎게 안면도만 섬으로 만들지는 않았을까? 그 대답은 조선 후기로 접어들면서 더욱 부패가 더해지고 나라까지 망한 것에서 찾을 수 있다.

오늘 심각한 우리의 부패상은 어떤 답을 내놓을 수 있을까?

경기일보 (2015. 10. 28)

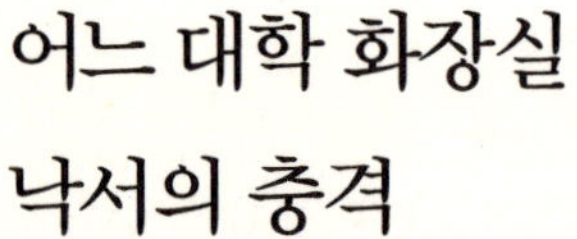

어느 대학 화장실 낙서의 충격

서울 명문대학 화장실에 이런 낙서가 있었다고 한다.

"공부 열심히 한다고 자랑하지 마.

머리 좋은 놈 못 당해.

머리 좋은 것 자랑하지 마.

운 좋은 놈 못 당해."

그런데 어느 대학 화장실은 '운 좋은 놈'이 '탯줄 좋은 놈'으로 바뀌었고, 또 어느 대학은 그 밑에 한 줄 더 넣어 '어차피 치킨집 차릴 텐데'라고 써 있더라는 것이다.

운이 지배하고 그보다 탯줄, 즉 좋은 집안에서 태어나야 한다는 젊은이들의 해학적 낙서가 왠지 가슴을 찌른다. 더욱이 그렇게 피터지게 경쟁하다 결국은 치킨집이나 차릴 수밖에 없는 젊은이들의 취업현실은 우리 같은 기성세대가 그들에게 큰 죄를 지은 것만 같다.

우리 젊은이들이 부대끼며 느끼는 것은 심각한 불평등의 높은 장벽일 것이다. 그것은 당장 생존의 기본인 주택문제에서 출발한다.

자율형 사립고등학교의 합격자 발표는 12월 초, 그러니까 1개월도 더 남았다. 그런데 신기한 일은 아직 합격자 발표도 안 했는데 학교 근처의 아파트 전세는 벌써 바닥이 났다는 것이다. 합격에 자신을 갖고 있거나 경제력 있는 부모들이 학교 인근에 미리 집을 마련하는 것인데 이 때문에 전셋값도 오르고 전세난을 가중시키는 것은 물론이다.

자율형 사립고등학교 인근 아파트의 때 이른 전세전쟁은 경기도 일대에서도 벌어지고 있는 양상이다. 이미 서울의 전세물량 부족사태는 잘 알려진 사실. 그래서 서울 인근의 경기도에 신축 중인 아파트에 전세 예약전쟁이 벌어지고 있다는 것이다. 아직 완공되지도 않은 아파트에 달려가 웃돈을 치르고 예약을 하는 것. 이런 현상을 부추기는 투기꾼들은 2억7천만 원의 전세가가 집이 완공되는 내년 봄에는 5천만 원 이상 오를 것이라고 장담을 하고 있는 것이다.

5천만 원, 웬만한 직장인의 연봉에 해당하는 돈이 잠깐 사이에 날아가는 이 심각한 불평등을 젊은 세대들이 어떻게 받아들이고 있을까? 이렇게 하여 우리의 가계부채는 1,100조에 이르렀는데 이는 작년보다 2.9% 증가한 것으로 그 속도가 위협적으로 빠르게 진행되고 있다.

집 없는 직장인들 중에는 힘든 전세대란을 겪느니 차라리 저렴하고 작은 내 집을 장만하겠다는 쪽으로 방향을 잡고 있기도 하다. 그러나 가령 2억 원 은행대출로 집을 마련했는데 주택시장 쇼크로 집값이 떨어질 경우 2억원 은행대출은 실제로 3억원의 대출을 받은 것 같은, 그래서 오히려 빚만 늘어날 수 있다는 우려도 있다.

몇 년 전 미국에서 발생한 '모기지론' 파행으로 미국뿐 아니라 세계 금융시장을 뒤흔들었던 악몽이 재현될 수 있다는 것이다.

이런 고민 속에서도 서울의 최고급 부자 아파트 쓰레기장에서 1억원 수표뭉치가 나뒹군 사건이나 부산 해운대 펜트하우스가 3.3㎡당 7,000만원의 아파트 분양가 역사상 최고가를 기록했는데도 청약자가 68대 1의 경쟁을 보였다는 뉴스에 다시 한 번 이 땅의 '불평등'의 심각한 단면을 보는 것 같았다. 물론 이런 불평등은 우리나라뿐 아니라 세계적 고민이다. 그래서 올해 노벨 경제학상을 수상한 미국의 프린스턴대학 앵거스 디턴 박사는 이와 같은 우리 사회의 불평등을 깊게 파고들어 수상의 영광을 안았는데 그 역시 "불평등이 감당할 수 있는 수준을 넘어 이제 심각한 위협이 되고 있다."고 진단했다.

한때 그는 불평등이 오히려 경제성장의 동력이 되고 있다고 주장하여 큰 주목을 받았었지만 이제는 그 수준을 넘었다는 심각한 경고다.

지금 우리는 이 경고를 어떤 식으로 받아들여야 할까? 모두가 깊은 고민이 필요하다. 그 고민 속에 대한민국의 더 큰 미래가 달려있다.

경기일보(2015. 10. 20)

휴전선 철조망으로 만든 가시관

철조망이 등장한 것은 1860년대 미국 중서부지방의 농장으로 알려져 있다. 당시 농장주들은 야생동물로부터 가축과 농작물을 보호하기 위해 이를 고안해 낸 것이다.

지금은 국경을 지키는 군사용으로 크게 활용하며 거기에 고압전류까지 흐르게 하는 등 무기역할까지 하고 있다. 최근 시리아 난민들이 유럽으로 가기 위해 헝가리로 몰려들자 헝가리 정부가 국경선을 철조망으로 신속히 봉쇄한 것이 대표적 예다.

그러나 철조망의 가장 상징적인 형태는 한반도에서 볼 수 있을 것이다. 특히 휴전선 155마일에 걸쳐 살벌하게 설치된 철조망은 우리 민족의 아픈 현대사를 말해 준다. DMZ를 가로지르는 이 철조망에서 남북 모든 것이 막혀 있고 지난여름 있었던 목함지뢰 폭발사고 등 전쟁의 문턱까지 치닫는 긴장이 지속되고 있다.

특히 북한은 휴전선 DMZ도 모자라 탈북자를 방지하기 위해 두만강 국경지대에 철조망을 설치하고 철조망 밑에는 구덩이까지 파놓았다는 것이다. 그런데 요즘은 중국과의 국경을 이루는 압록강과 나진·선봉특구에까지도 철조망을 설치했다는 것.

그러면 그 엄청난 양의 철조망이 어떻게 조달됐을까? 주성하 씨가 쓴 '서울에서 쓰는 북한 이야기'에 의하면 북한은 그것을 독일에서 수입해왔다는 것이다. 독일은 서독과 동독으로 갈라져 있었고 철조망이 양쪽을 갈라놓고 있었다. 그러나 한 민족, 한 언어를 쓰는 그들은 마침내 통일이 되었고 베를린 장벽은 무너졌으며 철조망은 철거되고 말았다. 그것을 북한이 가져다 여기 저기 사용했으니 한 나라는 통일이 되어 철거를 하고, 다른 한 나라는 분단을 위해 그것을 가져다 사용하니 참으로 아이러니하지 않은가?

지난해 8월 우리나라를 방문한 프란시스코 교황은 종교에 상관없이 많은 사람들에게 뜨거운 감동을 주었고 세월호 희생자 유가족, 위안부 할머니들, 해직 근로자 등 소외받는 사람들의 눈물을 닦아 주고 떠났다. 그래서 '8월의 크리스마스'가 되었다고 언론은 교황의 방한을 평가했었다. 각별한 한국 사랑을 표현한 교황에게 한국 천주교는 철조망을 잘라 만든 가시관을 기념으로 선물했다. 그 철조망은 우리의 남·북을 가로막고 있는 휴전선에 설치된 것. 프란시스코 교황은 이 의미 깊은 '철조망 가시관'을 소중하게 로마로 가지고 가서 바티칸에 전시했다. 우리 민족의 비극적 역사를 상징하는 휴전선 철조망의 가시관은 이제 바티칸에서 한반도의 통일과 평화를 바라는 세계인의 기도를 담고 있는 것이다.

원래 기독교에서의 가시관은 예수가 십자가에 못박혀 처형될 때 로마 병사들이 만들어 씌운, 말하자면 조롱과 고통의 상징이다. 그때 만들어진 가시나무는 가시가 길고 뾰족한 산딸나무의 일종으로 알려져 있는데 이것에 찔리면 붉은 피가 흐르고 고통이 뼛속까지 저며 온다. 유명한 루벤스의 그림 '가시관 쓴 예수'에서 그 모양이 잘 표현되어 있다.

이런 의미의 휴전선 철조망으로 엮은 가시관을 들고 한국을 떠나기 전 교황은 한반도의 통일에 대한 질문을 받고 자신은 그것에 대해 희망을 갖고 있다고 대답했다. 그리고 왜 희망을 갖는지에 대해서 남·북이 같은 언어를 사용하는 한 민족이기 때문임을 분명하게 설명했다.

그러나 지난 10월 10일 노동당 70주년을 맞아 북한은 엄청난 돈을 퍼부어가며 군사 퍼레이드를 벌였다. 어떻게 21세기에 그런 광기(狂氣)가 연출될 수 있을까? 같은 민족, 같은 언어를 쓰는 북한 동포가 더없이 측은하게 생각되었다. 그 광기를 보면서, 우리 모두가 휴전선 철조망의 가시관을 쓰고 있다는 생각을 했다.

경기일보(2015. 10. 13)

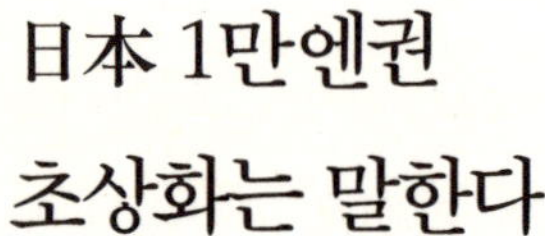

日本 1만엔권 초상화는 말한다

일본은 2004년 그들의 화폐에 등장하는 초상화를 다 바꿨다. 그러나 단 한 사람의 인물, 그것도 1만엔권에 자리 잡고 있는 후쿠자와 유기치(福澤諭吉)의 초상화는 그대로 두고 있다. 도대체 어떤 인물이기에 후쿠자와 유기치를 그렇게 존경하는가.

1835년에 태어난 그는 일본의 유신, 일본의 개화기를 이끈 정신적 대부이다. 일찍이 미국과 유럽을 유람하고 돌아와 일본이 아시아에 머물지 말고 세계열강에 합류해야 한다고 주장하면서 국민을 계몽시키는데 앞장섰다. 일본의 명문 게이오대학도 그의 손에 의해 세워졌고 이런 계몽사상을 담은 그의 책은 당시 3천만 부 이상 팔리는 선풍을 일으켰다.

일본이 아시아를 탈피하기 위해 조선과 중국을 정복할 것을 주장하기도 했다. 결국 그의 침략적 팽창주의는 오늘까지지도 일본의 숨겨진

국가적 기간이 되고 있다. 그래서 화폐의 초상화가 다 바뀌어도 그의 초상화는 지금껏 1만엔권에 자리 잡고 있다.

후쿠자와 유기치가 얼마나 우리나라를 멸시했는가는 그의 책과 언행에서 볼 수 있다.

"이런 거지들을 상대로 싸우다가는 벼룩이 옮길 우려가 있다."

"조선은 하루라도 빨리 멸망하는 쪽이 하늘의 뜻에 부합하는 길이다."

그러나 일본에 이와 같은 인물만 있는 건 아니다. 아주 멀리는 임진왜란 때 조선침략에 출전했던 장군 사야가가 있다.

막상 조선땅에 발을 디딘 사야가 장군은 우리 문화와 자연에 반하여 귀화를 결행, 조정으로부터 우록 김씨 성을 하사받고 이름도 김충선으로 개명했다. 그는 당시 왜군의 위력적인 무기 조총에 대한 기술을 우리에게 전수하는가 하면 임진왜란은 물론 북쪽 국경 수비에 10년간 힘쓰다 병자호란 때에는 광주 쌍령전투에서 공을 세웠다. 지금도 대구 달성 가창면에 그를 기리는 녹동서원(鹿洞書院)이 있다.

일제식민시대에는 후세 다츠지 같은 변호사도 있다. 그는 검사직을 내던지고 조선인들의 독립운동을 변호하는데 힘썼다. 결국 그는 자기 나라 일본 사법당국에 의해 구속돼 실형을 살았고 변호사 자격도 정지 당해야 했다. 우리 정부는 2004년 그의 유족에게 건국훈장 애국장을 수여했다.

호소카 유지라고 하는 일본인은 15년이나 '독도종합연구소장'으로 독도가 한국땅임을 주장하며 2002년에는 우리나라로 귀화했다.

일본 국회의원(참의원) 중에도 야마모토 다로 의원은 일찍이 독도는 한국 영토라고 주장했고 지난 9월 18일 아베 정부의 안보법 강행에 '자민당이 죽은 날'이라는 플래카드를 내걸고 침묵의 항의를 벌이기도 했다.

우스키 게이코라는 할머니는 우리의 위안부 희생자들을 위해 여러 가지로 뒷바라지를 하며 요즘도 경기도 광주에 있는 '나눔의 집'을 찾곤 한다. 뿐만 아니라 그는 일본 총리가 직접 위안부 할머니 한분 한분 모두에게 찾아가 직접 사과를 해야한다고 주장하고 있다.

하토야마 유키오 전 총리는 지난 8월 서울을 방문해 서대문형무소 순국열사 추모비 앞에서 무릎을 꿇고 일본 식민지배를 사죄했다. 빌리브란트 전 독일총리가 유대인 집단수용소를 찾아가 무릎을 꿇고 있는 모습이 연상되는 장면이었다. 특히 그는 다음 달 서울대에서 특강을 하기로 하여 관심을 끌고 있다.

나쁜 DNA를 가진 일본인, 착한 DNA를 가진 일본인이 공존하는 일본! 그러나 분명한 것은 여전히 1만엔권 주인공은 '정한론(征韓論)'을 주장했던 후쿠자와 유기치라는 사실을 기억해야 할 것이다. 그 뿌리가 지금도 도쿄 거리에서 반한(反韓) 시위에 목청을 높이고 있다.

경기일보(2015. 10. 7)

세종시에서 벌어지는 금개구리 논쟁

리얼미터와 JTBC가 지난 5월에 조사한 전국 광역시·도의 주민만족도에서 세종시는 울산, 제주, 경북에 이어 4위를 차지했다. 그런데 8월에 와서는 단연 1위로 껑충 뛰어 올랐다. 이와 같은 현상을 전문가들은 세종시의 기반시설이 속속 확충되고 있는 것이 큰 효과를 보고 있는 것으로 분석했다.

요즘 새로운 이슈가 세종시를 뜨겁게 달구고 있다. 정부청사 인근에 땅값을 빼고도 공사비만 1,641억원을 들여 조성되는 국내 최대의 중앙공원에 금개구리를 어떻게 처리하느냐는 것으로 공원 조성을 추진하는 당국과 주민들 사이에 벌어지는 논쟁이 그것이다.

지난 9월 15일 뜨거운 열기 속에 공청회까지 열었지만 결론은 나지 않았다. 멸종위기 2급인 금개구리가 발견된 것은 신도시가 건설되면서였고 환경단체와 시민단체 등이 이의 보호를 위해 끈질긴 요구를 한

끝에 LH 측은 공원내의 '생산의 대지'라는 이름의 코너에 이들 금개구리를 보호 서식할 계획이었다. 말이 '생산의 대지'이지 전체 공원의 46%나 되는 면적이다.

바로 이것이 신도심에 사는 주민들의 불만이다. 금개구리 1마리당 2.7평의 면적 꼴인데 우리나라 주택 1인당 평균 면적의 절반에 가까운 땅을 금개구리에게 할애하는게 말이 되느냐는 것이다. 주민들은 금개구리가 세종시에만 있는 것도 아니며 세계 어느 도시에도 공원 속에 논은 없다고도 주장한다.

그러나 LH 당국은 바로 그것이 세종시의 특성화라고 설득한다. 어느 도시나 있는 그런 붕어빵식 공원이 아니라 도심에 농지가 있어 오리를 풀어 기르는 등의 친환경 농사를 짓고 둠벙도 만들어 금개구리가 서식하며 메뚜기 잡기 등 환경 체험이 가능한 그야말로 "빈 들을 대지의 예술"로 승화시키자는 것.

어쩌면 이 말은 이충재 행복청장이 주장하는 '행정도시를 뛰어 넘어야 세종시가 산다.'는 것과 상통하는 것 같다. 그러나 문제는 금개구리 논쟁으로 귀중한 시간과 예산을 낭비하고 있지 않는가 하는 것이다.

마치 경부고속철도 2단계 사업을 시행할 때 금정산—천성산의 26.3km 터널을 뚫어야 하는데 뜻밖에 공사를 중단시킨 '도롱뇽 파동'을 연상시키기 때문이다. 이때 지율스님은 청와대와 부산시청 등에서 다섯 차례나 단식투쟁을 하며 천성산 습지와 도롱뇽 보호를 주장했었다.

당시 노무현 대통령도 마침내 노선변경 검토를 지시하기에 이르렀고 공사는 중단됐다. 이 때문에 대법원의 판결이 있은 2006년 6월까지 3년 가까이 공사중단과 소송 등으로 막대한 예산이 사라졌고 고속철도 개통 역시 늦어질 수밖에 없었다. 지율스님은 찬사도 받았지만 대법원의 기각 판결이 나오고 공사가 재개되면서 비판도 많이 받아야 했다. 중요한 것은 터널이 뚫리고 고속열차가 달리는 지금, 천성산에 도롱뇽은 여전히 살고 있다는 사실이다.

이처럼 국책사업과 자연보호가 충돌할 때 어떻게 하는 것이 과연 현명한 선택인가?

세종시의 금개구리 논쟁도 마찬가지. 분명한 것은 세종시가 계속 주민만족도 1위를 유지하고 세계적 명품 도시가 되려면 어디를 가나 볼 수 있는 높은 빌딩, 광장, 공원이 아니라 차별화되고 특성화된 친환경 도시가 되어야 하는 것이 아닐까?

특성화된 건물, 특성화된 시설(종교시설을 포함하여…), 특성화된 공원, 더욱 고양된 문화적 정서…, 그래서 시민과의 대화가 잘 이루어져 '금개구리가 헤엄치는 생산의 대지'라는 구상이 '행정도시를 뛰어넘는 세종시'로 이어지길 기대해본다.

경기일보(2015. 9. 30)

허묘(墟墓)에 술잔 올리는 마음을 아는가

"…그 바닷가에는 시신 없는 무덤이 많다.
얼마나 버려두었는지 나무와 풀뿌리가 엉켜있다.
밤이면 별들이 내려와 죽은 자의 내력을 캐묻지만
아무도 태풍에 휩쓸려간 이름들을 불러내진 못한다…."

임동윤 시인의 시 '허묘(墟墓)'의 일부다. 이름 그대로 허묘는 빈 무덤을 말한다. 바다가 보이는 어촌의 언덕에는 무덤 같지도 않은 버려진 초라한 무덤들이 자주 눈에 띈다.

고기잡이 나갔다가 돌아오지 않는 남편을, 또는 자식을 그리는 마음에서 이렇게 빈 무덤을 만들고 추석이나 생일 같은 날, 송편도 몇 개 놓기도 하고 술잔을 따르기도 한다. 그렇게 해서라도 그 가난한 어부의 피붙이들은 슬픔의 만남을 이어가는 것이다.

올 추석절에도 어김없이 그 빈 무덤들 앞에 간촐한 음식물이 놓여질 것이다. 비록 그것들이 까치나 짐승들의 먹이로 치워진다 해도….

어쨌든 우리는 세상을 떠난 이들과의 만남을 이런 식으로라도 이어가려고 한다. 만남—그 절절함이 지구상에서 한국인처럼 강한 민족은 없을 것이다. 특히 이런 감정이 추석 같은 명절에 잘 나타난다.

몇 년 전 어느 외국인이 쓴 글이 생각난다. 그는 한국에 오랫동안 살면서 이처럼 시끄럽고 무질서한 사회를 이만큼이라도 지켜주는 것이 무엇일까를 생각해 봤다고 한다.

그런데 어느 해 추석날 고속도로를 달리다 공원묘지를 뒤덮은 인파를 발견했다. 무엇일까? 물론 성묘객이다. 그제야 이 외국인은 한국인의 그 만남의 뜨거운 정, 바로 이것이 한국인을 지탱해주는 정신적 힘이라고 생각했다고. 그는 자신의 뿌리가 되어준 저 세상으로 떠난 분들에 대한 만남의 정이 대를 이어 계속되는 현장을 본 것이다. 그것을 우리는 '효(孝)'라고 한다. 그래서 6.25 때 고향을 떠나 피난 온 동포들이 임진각에서 제상을 차려 놓고 북쪽 산하를 향해 제사를 드리고 절을 올리는 모습을 보면 가슴이 찡하다.

이와 같은 한국인의 독특한 효 문화를 나타내고 있는 추석절을 이배용 한국학중앙연구원장은 한 언론을 통해 유네스코에 인류문화유산으로 등재하는 운동을 벌이자고 제안했다.

충분히 공감이 가는 제안이다.

흔히 우리 추석을 서양의 추수감사절에 비유하는 사람도 있지만 그러나 엄밀히 그 내용은 다르다. 우리의 추석은 한 해 추수에 대한 감사의 뜻 말고도 만남의 의미가 강하기 때문이다. 조상과의 만남, 가족은 물론 시집간 딸과의 만남, 그 만남을 위해 우리는 이날을 기다리지 않는가?

특히 올 추석은 다음 달에 있을 남북 이산가족 상봉이 더 없이 만남의 기다림에 지친 사람들에게 큰 위안이 되어줄 것이다. 그래서 지난 9월 9일자 경기일보 1면의 사진 한 장이 가슴을 찡하게 했다. 다음 달에 있을 남북이산가족상봉을 위해 적십자사를 찾은 80대 할머니가 "죽기 전에 꿈에 그리던 큰 오빠를 만나고 싶다."며 흐느껴 우는 모습이다. 그 주름진 얼굴에 흘러내리는 눈물이 너무나 절절한 그리움을 나타내고 있었다.

그러나 마음 놓을 수 없는 복병도 있다. 오는 10월 10일, 북한의 노동당 창건 70주년을 맞아 북한의 미사일 발사가 이루어지면 그 만남의 꿈은 무산될 수도 있다. 그렇게 되면 북한은 또 한 번 만남을 위해 수많은 날들을 초조히 기다려온 동포의 가슴에 못질을 하는 것이다.

이런 걸 생각하면 정체된 고속도로에서 고향에 가기 위해 몇 시간이고 불편을 겪는다고 해도 만날 사람이 있고 자신의 뿌리를 찾아 성묘를 할 수 있는 사람은 행복하다. 그 만남의 추석절이 눈앞에 다가왔다.

경기일보(2015. 9. 23)

조세(租稅)피난처의 고래사냥

러시아 근대화를 이끈 표트르 황제는 귀족들의 긴 수염을 못마땅하게 생각하다 1703년 '수염세(稅)'를 공표했다. 수염이 긴 사람에게 세금을 걷는 것이었는데 큰 효과를 봤다. 권력자가 휘두르는 세금은 이처럼 수염세 말고도 얼마든지 이름을 붙여 수탈하는 것이 과거 역사였다.

결국 미국의 독립전쟁도 영국이 '인지세'라는 멋대로 붙여진 세금에 대한 저항에서 시작된 것이고 이때 생겨난 말이 '대표가 없으면 과세도 없다.' 즉 세금은 국민의 대표에 의해서만 결정한다는 것. 이처럼 세금은 어쩔 수 없이 민주주의 제도의 핵심과제로 진화해왔다.

케네디 미국 대통령이 암살되고서 미망인이 된 재클린여사는 얼마 지나지 않아 그리스의 선박왕 오나시스와 재혼을 하여 전세계에 화제를 뿌렸다. 특히 재클린이 '천박한' 오나시스와 재혼한 것은 많은 미국인들의 자존심에 상처를 주었다.

결국 이 결혼도 얼마 못가 파경을 맞았지만 이처럼 오나시스가 선박왕으로 거부(巨富)가 된 것은 그리스 정부의 허술한 세제 혜택이 큰 몫을 했다는 것이다. 지금의 그리스의 세금제도는 엉성한 그물 같아서 큰 고기는 다 빠져나가고 송사리만 잡는 꼴인데다 포퓰리즘에 의한 복지정책으로 나라의 운명이 휘청거리는 것이다. 오죽하면 채권국 독일이 그리스에 대해 535억 유로의 구제금융을 주는 조건으로 연금 삭감과 세금 인상을 강력히 요구했을까.

그러나 그리스는 주권 국가에 대한 내정간섭 같은 이 조건을 받아들일 수밖에 없었다. 그만큼 세금은 국가 존립에 필수적인 요소임을 그리스 위기는 잘 보여준 것.

그리스의 경우와 달리 조세제도가 잘 발달된 국가에서는 '뛰는 놈 위에 나는 놈'식의 지능적인 탈세방법이 날로 진화하고 있다.

요즘 신조어로 자주 등장하는 '세금 스텔스기'라는 말도 그렇게 생긴 것이 아닐까. 레이더망에 걸리지 않고 자유자재로 적진을 휘젓고 날아다니는 스텔스기. 법망을 피해 이루어지는 재벌들의 천문학적 탈세, 그리고 세금계산서 없이 거래가 되는 연예인들의 외국공연 수입…. 과연 레이더를 피하는 스텔스의 위력을 지니고 있다. 그래서 2011년 강호동, 장근석 등 많은 인기연예인들이 세무당국으로부터 호된 추궁을 당하고 한때 무대에서 하차해야 했다. 집이 세 채 있어도 건강보험료를 1원도 안내는 몰염치한 68만명, 이들도 스텔스기를 탄 사람들이다.

카리브해의 영국령 버진아일랜드는 인구는 10만 명 정도의 작은 섬이지만 세계 각국에서 몰려든 페이퍼컴퍼니가 인구수보다 많은 12만 개가 몰려있다. 그래서 버진아일랜드는 지구상에서 가장 안전한 세금 피난처(Tax Heaven)로 알려져 있는데, 우리나라 기업도 70여 개 정도가 이곳에 유령회사로 등록을 하고 금융계좌를 개설한 것으로 파악되고 있다. 특히 그들 가운데는 전두환 전대통령의 비자금 문제만 거론되면 등장하는 그의 장남 전재국씨도 끼어있다는 보도로 충격을 준 바 있다.

버진아일랜드 말고도 파나마, 케인만 군도 등에도 우리나라의 많은 역외 법인이 산재해 있는데 지난 8년간 4천3백억 불이 이런 유령법인으로 송금됐고 국내로 회수되지 못한 것이 1천6백억 불에 이른다는 것이다. '세금 스텔스'의 전형적 모델이다.

정부는 10월 1일부터 6개월 동안 이와 같은 해외 숨겨진 소득, 재산의 자진신고 접수기간을 설정했다. 정부가 추정하는 해외 숨겨진 소득액은 무려 4조원이나 되고 있다. 이렇게 자진신고를 통해 이 가운데 얼마가 납세와 연결될지는 미지수다.

아무튼 정부는 새해 세수 확보를 위해 '유리지갑'을 가진 봉급자, 중소상인 등 '새우'를 노리기 보다 '고래'를 찾아 나서야 할 것이다. 조세 피난처에 숨어 있는 고래, 스텔스기에도 안 잡히는 고래 사냥이다.

경기일보(2015. 9. 16)

安平大君의 몽유도원도와 세종市

요즘 세종시에서 가장 인기 있는 것은 복숭아다. 특히 '조치원 복숭아'로 널리 알려진 황도는 그 맛이 비길 데 없다. 그 맛도 맛이지만 생김새와 색깔이 정말 유혹적이다.

그래서일까. 복숭아의 '도(桃)'는 여색(女色)을 뜻하기도 하고, 복숭아밭을 뜻하는 도원(桃源)은 인류가 추구하는 이상향을 뜻하는 등 두 가지 다소 상반된 상징을 동시에 가지고 있다.

중국의 고전 삼국지에 나오는 '도원결의(桃園結義)'는 이상향 건설을 꿈꾸는 유비, 관우, 장비가 복숭아밭에서 형제의 결의를 다지는 것을 뜻한다.

세종대왕의 셋째 아들 안평대군이 1447년 봄날, 꿈을 꾼 복숭아밭의 황홀한 모습 역시 그가 그리는 이상향이었다. 형 수양대군의 위협 속에 살아야 하는 안평대군으로서는 아주 절실한 파라다이스가 복숭아밭의 꿈으로 나타났을 것이다. 꿈에서 깨어난 안평대군은 당대 최고의 화가 안견(安堅)을 불러 꿈 이야기를 하고 그림으로 그리도록 했다. 이렇게 해서 탄생된 것이 그 유명한 '몽유도원도(夢遊桃源圖)'. 하지만 안타깝게도 이 그림은 전란 속에 일본으로 건너가 일본의 국보가 되어 덴리대학교가 소유하고 있다. 결국 안평대군은 이 그림이 그려진 지 6년 후 수양대군에 의해 유배지 교동도에서 사약을 받고 쓸쓸히 죽어야 했다.

그렇게 복숭아밭을 파라다이스로 꿈꾸던 안평대군이 지금 복숭아가 한창인 세종시에 나타난다면 하는 생각을 해본다.

사실 세종시가 탄생한 것은 시행착오를 거듭해온 이 나라 도시 건설에서 완전히 탈피하여 백지 상태에서 가장 쾌적한 이상적 도시를 만들자는 것에서 출발했다. 행정수도를 기존의 도시로 옮기는 작업이 아니라 전혀 새로운 땅에서 시작한 것도 그런 뜻에서다. 이와 같은 야심적 도시건설의 꿈은 우리나라만 있는 것은 아니다.

브라질은 수도 리우데자네이루에서 무려 900km나 멀리 떨어져있는 해발 1,100m의 황량한 고원지대 브라질리아에 신도시를 건설했다. 한동안 끊임없는 저항에 직면했으나 브라질리아는 날아가는 제트기 모양으로 도시 모형을 정하고 건물의 대칭성까지 도시의 전체적 조화를 이뤄냈다. 가장 아름다운 건물, 가장 아름다운 광장, 가장 아름다운 산책로, 가장 창의적이고 혁신적인 도로망…. 1987년 유네스코는 고대도시가 아닌 현대도시임에도 브라질리아 도시 전체를 인류문화재로 지정하기에 이르렀다.

말레이시아 역시 외과의사 출신 마하티르 모하마드 총리의 강력한 지도력 아래 백지상태의 푸트라자야에 신행정수도를 건설하는데 성공했다. 예쁘고 아름다운 정부청사, 웅장한 이슬람의 모스크사원, 아름다운 호수…. 그래서 지금 푸트라자야는 말레이시아 현대화의 아버지라 일컫는 마하티르의 또 하나의 세계적 작품으로 손꼽히고 있다.

세종시는 어떤가? 이에 대해 이충재 행복도시건설청장은 브라질리아나 푸트라자야는 물론 일찍 수도를 옮긴 호주 캔버라에 비해서도 세종시가 월등히 요건이 좋다고 말한다. 오히려 세종시가 인근 대전, 수원, 전주 등을 1시간대 가까이 끼고 있는 것이 도시발전의 에너지가 될 수 있고 브라질리아나 푸트라자야를 능가하는 세계적 명품도시를 건설할 수 있다고 이 청장은 열정을 나타낸다.

이번에 발표한 세종시내의 유럽형 단독주택단지를 위한 토지공급을 실시키로 한 것도 말하자면 그런 아름다운 명품도시의 그림을 맞추기 위한 것이라는 이야기다. 유럽형, 한옥형…. 이런 다양하고 새로운 주택패러다임을 선보이는 것, 그래서 세계도시건설 마케팅에도 성공을 하겠다는 것이다.

아버지 세종 임금의 이름을 딴 세종시, 그 복숭아밭 꿈이 펼쳐진다면 이 역시 대한민국의 국격이 세계적으로 업그레이드 되는 것이 아닐까!

경기일보 (2015. 9. 9)

'He For She'

요즘 발행되는 여권을 비롯 외국과의 문서에 기재되는 남 · 여 성별란에 영문 표시가 'sex'에서 'gender'로 바뀐 곳이 많다.

1995년 9월 중국 베이징에서 열린 제4차 세계여성대회에서 sex는 생물학적 남 · 여 구별의 뜻이 강하기 때문에 신체적 구별을 뛰어넘어 '사회적 의미'의 gender로 하는 것이 합당하다는 뜻에서 그와 같이 결정한 것이다. 획기적인 '성(性)평등'을 이룩하자는 강한 메시지이기도 하다.

그래서 유엔은 '여성을 존중하자'는 취지로 'He For She'라는 슬로건을 내걸고 캠페인을 벌이면서 2013년 7월, 반기문 유엔 사무총장은 파키스탄의 16세 소녀 말랄라 유사프자이(Malala Yousafzai)를 유엔 총회에 초청해 연설하게 했다.

유엔에서 연설한 제일 나이 어린 소녀의 기록을 세우기도 한 말랄라는 겨우 11살 나이에 영국 BBC 방송의 블로그에 자기가 사는 파키스

탄의 가족 이야기를 올리면서 '여자는 외부 남자와 함께 있으면 안 되는 것' '혼자서 외출을 할 수 없는 것' '여자는 학교를 다닐 수 없는 것' 등 여성차별을 계속 소개했다. 그래서 2012년 이슬람 원리주의 단체인 탈레반의 공격대상이 되어 머리에 총격을 받고 중상을 입기에 이르렀다. 그녀는 현지 병원에서 응급처치를 받고 영국의 퀸엘리자베스 병원으로 긴급 후송돼 장시간의 수술 끝에 기적적으로 회생되었다. 그리고 계속 영국에 남아 여성교육운동과 평화운동을 전개하여 마침내 2014년 노벨평화상을 받았는데 이 역시 역대 노벨 수상자 중에 최연소의 기록을 세웠다. 게다가 상금 5만불(한화 5,250만원 상당) 전액을 전쟁으로 폐허가 된 팔레스타인의 학교 교육을 위해 쾌척하기도 했다.

말랄라의 유엔 총회 연설은 큰 감동을 주었다.

"… 가장 강한 무기인 책과 펜을 들고 문맹과 빈곤, 테러와 맞서 싸워야 합니다. 그 책과 펜이 세상에서 가장 강한 무기입니다. 한 명의 어린이가, 한 권의 책이, 한 자루의 펜이 세상을 바꿉니다…."

이처럼 위험을 무릅쓴 여성운동이 때로는 감동적인 뉴스가 되고 있음은 아직도 지구상에 남 · 여의 성 평등이 이루어지지 않고 있음을 반증하는 것이기도 하다.

그러면 우리나라는 어떤가? 최근 유엔에서 발표한 것을 보면 우리나라의 세계여성인권 순위가 15위로 일본이나 프랑스보다도 높게 나타났다.

정말 대단한 순위이다. 비록 불법자금 수수로 대법원 판결을 받고 불명예스럽게 교도소로 간 한명숙 전국무총리는 여성총리 1호였고,

여성 대통령도 미국보다 먼저였으며 전문대학 이상의 대학진학율에서도 여성이 74.6%로 남자의 67.6% 보다 7% 앞서고 있다.(2014년 통계)

취업 인구에서도 남자의 65.2%에는 따라오지 못하고 있지만 꾸준히 향상되고 있어 지난해 여성취업율은 42%에까지 이르렀다. 여성 의사는 24.4%, 여성 국회의원도 1990년대에 불과 1%였지만 지금은 15.7%로 47명에 이른다. 여성 1호 축구 국제심판도 나오고, 경기 필하모닉 오케스트라는 '금녀(禁女)의 벽'을 깨고 첫 여성 단장을 탄생시키기도 했다.

삼성전자를 비롯 대기업에도 유리천장을 깨고 임원에 진출하는 등 모든 분야에서, 심지어 사관학교에까지 '여풍(女風)'을 일으키고 있다. 어쩌면 'He For She'라는 유엔 구호가 거꾸로 'She For Men'으로 바뀌어야 하지 않을까하는 소리를 하는 사람도 있다.

그러나 여기서 잠깐, 어느 통계는 우리 여권 순위를 108위로 발표하여 조사방법을 두고 논란이 된 적이 있었다. 어째서 그런 통계가 나왔을까? 아직도 우리 여성 인권이 외형적으로는 15위일지라도 질에 있어서는 108위라는 뜻인가?

여성지위—문제는 순위가 아니라 질일 것이다.

경기일보(2015. 9. 2)

외로운 섬, 세종市

'전국노래자랑'의 상징인 송해씨는 1970년대 제3한강교에서 아들이 교통사고로 숨지는 불행을 겪었다. 그래서 지금도 그는 제3한강교를 건너지 않는다. 그만큼 그에게 제3한강교는 가슴을 울리는 슬픈 이야기다. 그러나 한남대교로 이름을 바꿨지만 제3한강교는 경부고속도로와 서울 도심을 연결하는 귀중한 역할을 하고 있음은 부인할 수 없다.

"강물은 흘러갑니다.
제3한강교 밑을…."

1970년대 혜은이가 불러 크게 히트한 것만 보아도 제3한강교가 국민들의 사랑을 많이 받았던 것 같다. 이 다리의 하루 교통량 역시 20만

5천여 대. 그만큼 경부고속도로가 국가의 동맥 역할을 할 수 있도록 보조기능을 다 하고 있다는 증거가 되는 것이다.

로마가 망한 것을 두고는 여러 설이 있지만 로마가 2000년이나 대제국을 이룬 것의 가장 큰 힘이 도로였다는 사실을 부인할 사람은 없다. 로마의 도로는 로마를 출발하여 가야할 곳, 지배해야할 곳, 그 어디든 직선으로 뚫었고 그 길이가 3세기에 이미 8500km나 되었다. 우리나라 서울—부산 경부고속도로의 20배나 긴 도로망을 가지고 있었다는 이야기다. 그래서 일찍이 '길은 로마로!(All roads lead to Rome!)'라는 말이 생겼다.

특히 로마의 도로는 로마군이 직접 건설했고 구간마다 공사책임자의 실명을 새겨놓아 그 책임과 명예를 동시에 부여했다. 이렇게 건설된 도로를 통해 모든 식민지의 물자가 올라갔고 로마의 통치가 이루어졌으며 전쟁 때는 신속한 군사행동이 가능했다.

그런데 요즘 우리나라의 중추신경역할을 하고 있는 경부고속도로가 과부하가 걸린 나머지 제 기능을 잃고 있다. 사람으로 치면 비만으로 동맥경화에 걸린 것과 같다. 특히 휴가철이나 설 · 추석 명절, 연휴 때의 경부고속도로 정체는 경제적으로 엄청난 손실을 가져오고 있다.

그때마다 제2경부고속도로의 필요성을 주장하는 소리가 나오고 있다. 사실 이 때문에 2004년 제2경부고속도로의 구상이 시작됐고 2009년에는 타당성 조사가 이루어졌으며 세종시가 출범하면서 경기도 구리시와 세종시간 150km에 건설비 6조8천억 원의 그림이 그려지기도 했다.

특히 세종시의 발족은 제2경부고속도로를 절실히 필요로 하게 되었고 세종시는 줄기차게 이를 추진했으나 지금까지 이루어지지 않고 있다. 그래서 지난주부터 세종시는 이를 위해 서명운동에 돌입했고 경기도의 관계 지방자치단체가 호응하고 있다는 보도도 나오고 있다.

솔직히 이와 같은 세종시가 벌이는 서명운동을 보면서 측은한 생각이 든다. 지난 6월 세종시청 개청식 때 코앞에 있는 정부청사의 국무총리는 고사하고 장관 한 명 참석 않는 홀대를 보여 시민들을 실망시킨 것은 말할 것 없고 무엇 하나 제대로 되는 게 없기 때문이다.

치열한 국제경쟁 시대, 서울과 세종시 간 공무원들이 길에다 쏟아 붓는 시간과 돈, 메르스 사태 때 보여준 산더미처럼 쌓이는 비능률, 비효율을 해결하기 위해 국회 분원이라도 세종시에 와야 한다는 소리도 허공을 맴돌고 있다.

어렵게 세종시에 거점을 마련한 서울대학병원의 진료팀도 처음 가졌던 '연구중심의 글로벌 병원'의 꿈을 접고 곧 철수할 예정이다.

세종시가 아무리 좋은 그림을 그려도 그것을 추진할 파워와 리더가 약하면 그것은 허상에 불과하다. 정부청사는 있어도 파워가 없는 세종시, 세종시가 자꾸만 외로운 섬처럼 보이는 게 안타깝다.

경기일보(2015. 8. 26)

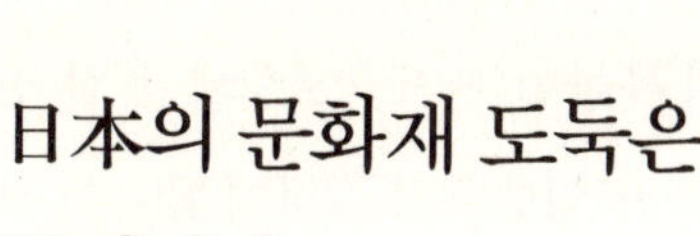

日本의 문화재 도둑은 무죄인가

몇 해 전 일본 출장길에 도쿄 오쿠라호텔에 들러 호텔 정원을 돌아볼 기회가 있었다. 이름난 호텔인데다 특히 정원이 매우 유명한 때문이기도 했다.

그런데 정원 산책길 한쪽에 유달리 나의 시선을 끄는 석탑(石塔)이 있었다. 어쩐지 꼭 우리의 숨결이 느껴지는 것만 같아 안내인에게 물었더니 과연 그것은 고려시대 세워진 평양 율리사지(趾) 5층 석탑이라는 대답을 듣고 우리의 귀중한 문화재가 일본인 호텔 정원의 장식품으로 버려져 있다니, 하는 생각에서 분노를 감출 수 없었다.

그 후에 언론을 통해 오쿠라호텔의 5층 석탑을 북한에서 돌려달라는 '조정재판'을 신청했고 지난 7월 22일 첫 심리가 열렸다는 것을 알게 됐다. 이 재판에 대해서는 모처럼 남 · 북이 하나로 여론이 일어나고 있음도.

그런데 더욱 우리를 분노케 하는 것은 이렇게 석탑의 반환 문제가 제기되자 호텔 측은 지난 2월 이미 전격적으로 석탑을 해체하여 지금 어디에 숨겨져 있는지 아무도 모른다는 것이다. 이 석탑을 우리나라에서 일본으로 훔쳐간 오쿠라는 일본 강점기 때 우리 문화재 도굴 왕으로 악명을 떨친 인물.

지난 2012년 일본 쓰시마(대마도)의 가이진 신사에 있던 동조여래입상과 간논지(觀音寺)에 있던 고려 불상인 '관세음보살좌상' 한 점을 우리나라 사람들이 몰래 훔쳐 국내로 반입했다가 경찰에 붙잡힌 사건이 발생했다. 일본 정부는 즉시 이들 문화재의 반환을 강력히 요구했고 일본의 언론도 거들었다. 우리 사법당국은 3년에 걸쳐 이 사건을 다룬 끝에 '동조여래입상'은 돌려주어야 한다는 결정을 내렸고 마침내 지난달 17일 일본에 반환했다.

이날 불상을 보관하고 있던 대전 소재 국립문화재연구소는 철저한 비공개로 일본대사관 관계자에게 인도했고 일본은 이것을 즉시 항공편으로 귀국시켜 007식 작전을 방불케 했다.

그러나 훔쳐온 다른 한 점, '관세음보살좌상'은 반환하지 않고 있다. 앞에 것은 일본 쓰시마로 건너간 경로가 불명확하기 때문에 관계법과 국제관례로 돌려주지만 후자의 경우, 충남 서산에 있는 부석사(浮石寺)의 소유가 확인됐고 특히 부석사 일대가 왜구의 침입이 여섯 번이나 있었던 역사 기록이 있는 만큼 이때 약탈해간 것이라는 추정이 가능하기 때문이다.

사실 이처럼 일본이 닥치는 대로 마구잡이식 약탈을 해간 우리 문화재는 공식적으로 6만7천점에 이르는 것으로 보고 있다. 개인들이 가져간 것까지 합치면 30만점에 이를 것으로 추정한다.

2013년 2월, 세종대왕의 익선관(翼善冠)을 일본에서 입수했다 하여 매스컴이 흥분한 적이 있었는데 이 역시 일본에 떠도는 약탈문화재의 하나다. 익선관은 임금이 집무할 때 쓰는 관으로 정밀감정 결과 1660년대 것으로 확인돼 '세종대왕'과는 관계가 없음이 밝혀지기도 했지만 그러나 이 역시 궁중에서 사용하던 것이 분명하고, 임진왜란 때 약탈해 간 것이라는 주장이 제기된 바 있다.

이처럼 약탈해간 것 중에는 일본의 국보로 지정된 것도 있는데 이렇듯 일본의 문화재 도둑은 무죄인지 슬픈 일이다.

한국은 일본에 대하여 무슨 문제만 생기면 감정적으로 접근한다고 비판하는 주장이 있는 것은 사실이다. 그러나 생각해보라! 나라의 주권을 도둑질 당하고 강제징용에, 위안부로 끌려갔을 뿐 아니라 수많은 애국열사가 피를 흘린 나라, 그 민족의 혼이 깃든 귀중한 문화재들마저 약탈당한 나라, 그 나라의 입장에 서면 우리의 아픈 마음을 이해할 것이다.

광복 70년을 맞으며, 또 하나 빠뜨려서는 안 되는 것이 우리의 문화재 반환운동임을 강조하고 싶다.

경기일보 (2015. 8. 19)

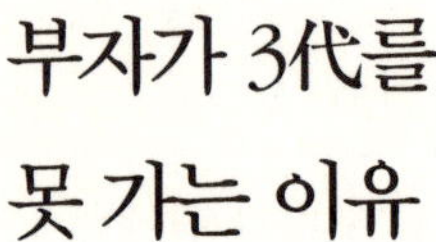

부자가 3代를 못 가는 이유

세계적으로 유명한 가수이며 배우인 제인 버킨이 자신의 이름을 붙인 '에르메스 버킨백'에서 '버킨'을 삭제해달라고 제조회사에 요구하여 화제가 됐다. 그러나 이미 1997년 버킨과 상표명 등록이 합의된 상태이기 때문에 에르메스 측으로서는 법적 구속력이 없다는 것이다.

이처럼 버킨이 자신의 이름 삭제를 요구하는 것은 아프리카 짐바브웨의 나일 악어 양식장에서 1년에 4만3천 마리가 에르메스의 가방용 가죽을 위해 죽어나가는데 그 살해방법이 너무 잔인한 때문이라고 한다.

에르메스는 프랑스의 티에르 에르메스 3세에 의해 1837년 창업되었으니까 무려 178년의 역사를 가진 기업이다. 처음에는 왕실과 귀족의 말안장을 제작 납품하는 것으로 출발했으나 자동차가 등장함으로써 말안장 대신 자동차 시트를 만들었고, 이어 여성용 가방을 제작하기 시작했는데 최고 2억원까지 하는 세계에서 가장 고가의 명품이 되었다.

그러면 어떻게 이 기업은 178년의 역사, 6대에 걸친 가족경영이 가능했을까? 그것은 에르메스의 '깔레쉬'라는 상표에서 쉽게 찾을 수 있다.

마부가 마차를 모는 마부석이 비어있는 마차, 그러니까 비어있는 자리가 바로 고객, 즉 소비자라는 것이다. 한마디로 '고객이 주인'이라는 기업정신이다. 형제나 부자 간의 지분, 자식들 간의 이해관계가 아니라 오직 소비자만 생각하기 때문에 경영구조를 둘러싼 싸움도 없고 '상품의 질', 그 하나로 신뢰를 쌓아가는 것이다.

그러나 같은 가방의 명품으로 세계적 각광을 받는 '구치(Gucci)'는 1921년에 이태리 피렌체에서 구치오 구치에 의해 창업되었으나 2세, 3세에 이르러 자식들 간의 경영권 다툼으로 살인까지 벌어진 끝에 결국 100년을 넘기지 못하고 1993년 경영권을 넘기는 비극을 맞았다. 그러니까 지금 '구치'는 이름만 '구치'이지 오너가 아닌 것이다.

'소비자'가 아니라 가족 지배구조 다툼에 에너지를 탕진하는 기업은 이처럼 100년을 넘기지 못한다.

특별히 창업자의 권위 있는 유언으로 가족경영이 100년을 넘기는 장수 기업도 있다. 250년의 역사를 기록하고 있는 세계 제1의 금융재벌 로스차일드가 그것이다. 유대계인 로스차일드가의 3세 안젤름은 유언을 남겼는데 "서로 간에 분쟁이나 불화를 일으키지 말고, 재판을 하지 말며…. 서로를 감싸주고 악한 감정에 빠지지 않아야한다. 가족

간의 분쟁을 야기하는 어떤 종류의 활동을 할 경우, 나의 유언에 도전하는 것으로 처벌 받는다….”

이와 같은 로스차일드의 유언은 8대째 철저히 지켜져 미국, 캐나다, 독일 등 전 유럽에 퍼져 국제금융계를 장악하는 도이치뱅크, HSBC, 노바스코샤를 비롯해 전 세계의 와인 업계까지 장악, 그 자산규모가 미국 GDP의 절반에 가까운 부를 이루게 했다.

그러나 가족 갈등이나 환경과 시대의 변화에 능동적으로 대응하지 못하는 기업은 망하고 마는데 한 통계에 의하면 창업주의 2대 성공률은 30%로 줄어들고 3대의 성공률은 12%에 불과하다. 4대 성공률은 고작 3%다.

물론 ‘마부석을 빈 자리’로 남겨둔 에르메스와 같은 경영, 사회환원의 기업윤리(경주 최부자집이나 미국의 록펠러 그리고 빌게이츠와 같은)에 충실한 기업들은 100년을 넘긴다.

이번 전 국민의 비난을 뜨겁게 받고 있는 롯데가의 추한 가족싸움을 보면서, 그리고 아직도 계속되는 11개 재벌그룹의 가족 분쟁을 보면서, 부디 우리나라에서도 100년을 넘고 세기를 넘어 세계무대를 주름잡는 기업들이 많이 나오길 바라는 마음 간절하다.

경기일보(2015. 8. 12)

大院君의 3대 적폐(積弊)와 국회

대원군은 조선의 세 가지 적폐를 논했다고 한다. 물론 그의 사적인 편견이 강하게 녹아있는 것이지만 잠시 돌이켜 볼 필요도 있다.

첫째는 상류사회의 스캔들을 생산하고 공직기강을 흐렸던 평양 기생을 꼽았고, 두 번째는 전라도 등 지방 아전을 지적했다. 당시 지방관속의 아전들은 소수를 제외하고는 고정된 급여가 없어 힘없는 백성들을 수탈해 원성이 높은 존재였다.

대표적인 것이 다산 정약용 선생이 유배지 전라도 강진에서 1803년 겪은 실화다. 그 동네 한 사람이 아들을 낳았다. 그런데 출생 3일만에 갓난아기를 관청에서 '군적(軍籍)'에 올렸다. 말하자면 군 입대자로 병적에 올린 것. 그리고는 생명줄과 같은 외양간의 소를 끌고 가 버렸다. 아기 아버지는 너무 분개하여 자신의 생식기를 잘라버리고 다시는 아기를 낳지 않을 것을 맹세했다. 그 부인은 잘려진 남편의 생식기를 들고 관가에 가서 항의하려 했지만 정문에서 들어가지도 못하고 쫓겨났다. 이 딱한 이야기를 듣고 정약용 선생이 지은 시가 유명한 '애절양(哀絶陽)'이다.

셋째는 충청도 양반. 유달리 서원과 향교가 많았고 당쟁의 영수급 인물들이 많았던 충청도 양반들이 걸핏하면 상소를 올리는 등 대원군을 괴롭힌 것에서 나라를 어지럽히는 존재로 찍힌 것 같다. 만약 오늘날 대원군이 살아있다면 그의 세 가지 적폐는 다음과 같이 바뀌지 않았을까.

첫째는 방위산업청과 원자력발전소 등 국가 안위에 관련된 기관의 천문학적 부정부패.

둘째는 불쌍한 서민 등쳐먹는 보이스피싱.

셋째는 밤낮없이 365일 싸움판만 벌이는 국회, 일 안 하고 거액의 세비를 타먹는 국회의원 말이다.

지난해 말 한국정당학회가 조사한 여론조사에서는 국민의 72%가 현재의 국회의원 300명은 많으니 줄여야 하는 것으로 나타났다.

연초에 대전발전연구원이 대전의 국회의원 선거구 증설에 관해 1천명의 시민들을 대상으로 여론조사를 했는데 여기서도 비슷한 현상이 나타났다. 인구가 광주시보다 많은데도 국회의원 수는 광주보다 적은 것에 논란이 있어온 터라 '의원 증원'에 찬성하는 의견이 압도적으로 높으리라 예측됐다.

결과는 의외로 선거구 증설 찬성이 45.7%에 그쳤다. 이것은 무엇을 뜻하는가. 한마디로 국회의원 많아야 정치인들 판만 키워주는 것이지 우리 시민의 삶에 도움이 되지 않는다는 이야기다. 세금만 축낼 뿐, 민생에는 관심 없다는 것이다.

얼마전 갤럽의 여론조사에서도 응답자의 88%가 우리 국회의원이 역할을 잘못하고 있다고 대답했다. 외국에서 같으면 충격적인 일이다. 그러니 최근 새정치국민연합에서 불거진 '국회의원 390명 증원론(論)'을 접하는 국민들은 눈과 귀를 의심했을 것이다.

도대체 그들이 무엇을 한다고!

국회의원 늘릴 생각 말고 청년 취업률이나 늘리라고?

그러나 슬픈 사실은 우리 국민들의 생각과는 관계없이 여 · 야가 정치공학적 계산이 서로 맞아 떨어지는 순간 그 원치 않는 국회의원 증원은 현실화될 것이라는 사실이다.

그러니까 대원군 때나 지금이나 그리고 앞으로도 3대 적폐는 모양만 바뀌며 계속될 것이다. 아마도 대원군이 지금의 국회를 본다면 이렇게 말할 것이다.

"이 나라 국회, 개혁이 시급하도다."

경기일보 (2015. 8. 5)

세종시에 '正二品松' 심은 뜻은

지난 7월 16일, 세종특별자치시가 새 청사를 마련하고 개청식을 가졌다. 유유히 흐르는 금강 가까이에 물 위를 떠있는 '배'의 형상을 하고 있는 현대식 건물이다.

원래 이곳은 조선시대까지만 해도 서해로부터 올라온 소금 배와 한양으로 보내는 조곡(租穀)을 실은 배들이 붐볐던 곳인데 금강의 하상이 점점 높아지면서 그런 모습이 사라져 버렸다.

이제 세종시는 원대한 미래를 향해 항해를 한다는 뜻으로 청사 건물도 배 모양으로 그렇게 설계를 한 것이다.

그런데 이날 개청식 때 눈에 띄는 것이 있었다. 보은 속리산 입구에 있는 '정이품송(正二品松)'의 후계목 한 그루를 참석자들 모두 흙을 한 삽씩 떠 심은 것이다.

정이품 소나무에 얽힌 이야기는 우리 국민들이 익히 알고 있다. 조선 7대 임금 세조가 속리산 법주사를 행차하다가 바로 이 소나무 가지에 세조를 태운 연이 걸리게 되었고, 세조가 한마디 하자 가지가 들려 일행이 무사히 통과했다는 것. 그래서 '정이품'이라는 높은 관직을 내리고….

소나무 가지가 들릴 만큼 세조의 왕권이 강력한 힘을 발휘했고 국정을 일사불란하게 이끌었음을 나타내기 위해 만들어낸 이야기일 수 있다. 어쨌든 수령 700년이 넘은 이 소나무가 산불이나 태풍, 폭설 등 재해로부터 손실되는 것을 막기 위해 몇 년 전 국립 산림과학원과 문화재청이 소나무의 DNA를 추출, 영구보존하는 한편 복제나무를 키워왔다.

바로 세종시청 마당에 심은 소나무가 정이품송에서 나온 후계목인 것이다. 공식 이름이 후계목이지 정이품송의 손자뻘 되는 셈이다.

노무현 대통령 시절, 2004년 '신행정수도특별법'이 헌법재판소에서 위헌으로 판결나자 다시 이름을 바꿔 2005년 5월 18일 '행정중심복합도시 건설을 위한 특별법'을 제정했고 그것이 오늘 세종시의 출발의 모태가 된 것은 다 아는 사실이다.

그 때 이를 기념하여 충북도가 정이품송 후계목을 청주시 상당공원에 심었다가 이번 세종청사 준공에 맞춰 옮겨 심은 것이다.

그러니까 이 소나무를 보는 사람들은 '이제 나무도 인공적으로 유전자를 보존할 수 있고 후계목도 배양할 수 있구나.'하는 현대과학의 발달을 실감할 수도 있고 또는 '세조의 서슬퍼런 위세에 가지를 번쩍 든 소나무의 후손이 여기 세종시에서 뿌리를 내렸구나.'하고 역사를 회

상할 수도 있을 것이다. 그리고 먼 먼 훗날, 이 소나무가 거목이 되었을 때 대한민국은 어떤 위치에 있을까를 상상하는 사람도 있을 것이다.

특히 소나무는 우리 민족의 마음을 담은 가장 사랑받는 나무. 그래서 조선 궁궐과 마주하는 서울의 남산에는 오직 소나무만 가꾸고 잡목은 아예 뿌리를 내릴 수 없게 해 애국가에 나오는 것처럼 '철갑을 두른 듯' 무성하지 않았는가?

낙락장송(落落長松)의 독야청청한 모습은 선비들이 그리는 인격의 표상이었고 신라시대 황룡사 벽에 그린 솔거(率居)의 노송은 새들이 날아와 부딪힐 정도로 생동감이 넘치는 부처님 세계의 꿈이었다. 어디 그뿐인가. '일송정 푸른 솔'은 만주 벌판을 달리며 독립운동을 하던 선구자들의 위안이었다.

그렇다면 이제 세종시에 심은 정이품송의 후계목은 무엇을 역사에 남겨야 할 것인가? 국토균형발전이 마침내 대한민국의 새로운 지방화 시대를 열었다고 증언할 것인가? 아니면 그 비효율로 나라가 후퇴했다고 할 것인가?

정이품 소나무를 심는 마음이 무겁기만 한다.

경기일보(2015. 7. 29)

백종원 요리 열풍… 정치권 침흘리나

충청도에서 유독 맛있는 식당이 많은 곳으로 예산(禮山)을 꼽는다.

예산읍내에 있는 S식당은 박정희 전 대통령이 이쪽 지방을 지날 때는 꼭 들르는 단골집으로 유명하다. 주 메뉴는 '숯불 갈비'. 식탁에서 굽는 것이 아니라 아예 주방에서 참나무 숯불에 갈비를 지글지글 구워 가져오는데 뼈가 없고 갈비살만 있다. 그 갈비 굽는 냄새가 골목까지 퍼져 한층 식욕을 돋운다. 박 전 대통령은 이 갈비에 막걸리를 곁들였다.

예산에는 S식당 말고도 수덕사가 있는 덕산에도 유명한 갈비집이 있고 삽교(삽다리)에는 돼지 곱창구이가 아주 유명하다. 가야산 더덕구이도 일품이다.

요즘 요리 열풍을 일으키고 있는 백종원씨의 고향이 바로 이곳이라고 하면 독자들은 '아, 그럴 만한 곳에서 태어났군.'할 것이다.

백종원씨의 아버지는 충남 교육감을 지내는 등 명문 교육자의 집안이다. 최근까지도 그의 선친이 세운 고등학교 이사장으로 활동하다 아들 백종원씨에게 몇 년 전 자리를 물려주었다.

그러니까 백종원씨는 요리전문가이며 방송인이기도 하고, 교육자이기도 한 셈이다. 물론 사업가는 기본으로 치고 말이다.

과연 그의 인기는 지금 대한민국 모든 분야에서 타의 추종을 불허할 만큼 치솟고 있다. tvN의 '집밥 백선생'을 비롯하여 MBC '마이 리틀 텔레비전', 올리브TV '한식대첩 3' 등 어떤 날은 TV 채널을 돌리는 곳마다 그가 출연하고 있어 과연 '백종원 바람'을 실감할 수 있다.

그가 운영하고 있는 브랜드만 해도 'H포차', 'Y우동' 등 27개나 되며 국내외 매장이 7백 곳을 넘어 연간 매출 1천억 원에 이르는 것으로 보도되고 있으니 사업가로서도 크게 성공한 셈이다. 그렇지 않아도 며칠 전 그의 브랜드가 붙은 식당에 들렀더니 손님이 넘쳐 한동안 줄을 서 기다려야 했다.

이런 '백종원 신드롬'의 이유는 무엇일까?

첫째는 백씨 자신이 요리를 누구나 올라타고 즐길 수 있는 '세발자전거'에 비유할 만큼 쉽고 편한 레시피 때문이 아닐까? 예를 들면 '통조림 고등어 김치찜' '잔치국수' '깻잎으로 만드는 모히토'…. 싱글족이나 피곤한 워킹맘, 그 누구든 쉽게 접근할 수 있고 입맛을 돋우게 하는 것들이다.

그렇다. 요즘 세월호, 메르스, 불경기에 정치판 싸움까지…. 피곤한 도시인의 삶을 잠시 잊게 해주는 것이 '백종원 바람'의 원천이다.

이 때문일까. 일각에서 그를 정치권에 끌어들이려는 이야기가 나오고 있다. 물론 그는 단호히 부인했다. 최근 그런 이야기를 들으면서 좀 잘 나가면 정치판으로 끌어들이려는 우리의 고질병이 또 도지는구나 하는 서글픈 생각이 든다.

요즘 TV 드라마에 '할배'가 된 원로급 탤런트 중엔 한 때 국회의원 배지를 단 사람들도 있지만 오히려 추하게 이름을 남긴 사람도 더러 있다.

국민들의 인기에 편승, 정치권에서 유혹을 하는가 하면 때로는 반 협박조로 동원된 사람도 있고, 뽀빠이 이상용처럼 5공화국 시절 정치권의 부름(?)을 거절했다가 가혹한 수사를 받아 엄청난 상처를 입은 사람도 있다.

잘 나가는 대학교수, 인기 있는 연예인, 방송인이면 정치권에서 탐을 낼 만도 하지만 그것이 꼭 정치권의 물갈이로 이어질 수 없다는 것을 우리는 많이 보아왔다.

백종원씨는 고향에 있는 여고를 조리고교로 만들어 한식 인력을 양성하고 한식의 세계화를 이루려는 꿈을 가지고 있다고 한다. 그것이 국회의원 배지를 달고 정치싸움에 휘말리는 것보다 훨씬 가치가 있을 것이다.

경기일보 (2015. 7. 22)

제3장

세종대왕, 채찍을 들다

日王 몸에 韓國人의 피가 흐른다는데…

유네스코가 공주 · 부여 등 백제유적지를 세계문화유산으로 결정하면서 백제역사에 대한 관심이 높아지고 있다. 한강 유역에서부터 남해안에 이르는 긴 국경선을 갖고 있던 백제는 그 당시 인구, 병력으로 보면 국방에 엄청난 부담이 되었을 것이라는 생각을 한다. 그래서 국경의 성벽을 지키는 군사 중 일부를 일본의 병력으로 채운 것으로 보인다.

백제는 고구려를 견제하기 위해 일본을 활용했다. 그래서 일본 왕실과 혼인관계를 맺은 것인데 백제 왕실의 공주가 일왕과 결혼을 하고 왕자들은 일왕의 딸들과 혼인을 하는 한편 백제로 돌아와 왕위에 오르는 것이다.

김현구 교수 같은 학자는 전지왕, 동성왕, 무령왕 등을 꼽았고 왕은 되지 못했지만 왕자로 머무른 경우로 아좌태자, 곤지 등을 예로 들면서 일본 왕실에 백제의 피가 흐르고 있음을 부인할 수 없다고 주장한다. 이와 같은 혈연으로 백제는 일본에 문화를 전해주고 일본으로부터는 병력을 지원받는 특수한 관계가 이어졌다는 것이다.

그래서 지금의 아키히토 천황은 2001년 1월 23일 공식적으로 "나 자신으로 말하면 간무천황의 어머니가 백제 무령왕(501~523)의 자손이며, 내 몸속에는 한국인의 피가 흐른다."고 고백한 바 있다. 실제 30대 천황 비타스(敏達 572~585)는 백제 왕족으로 분류된다. 뿐만 아니라 일본의 사학자로 '서기(書記)'에 대해 깊은 연구를 하고 있는 교토시립 역사자료관장 이노우에씨는 "백제는 우리의 배꼽이며 일본인의 DNA에 백제의 것이 있다."고 고백했다. 이야말로 일왕은 물론 일본 문화의 본류는 통째로 백제의 것임을 고백하는 것이다.

확실히 일본은 백제와 군사적 협력을 돈독히 했다. 그 대표적인 것이 660년 6월 백제가 나 · 당연합군에 의해 멸망하자 663년 7월 2만 명이나 되는 병력을 파견, 백제를 구하려고 했다. 그러나 금강을 따라 부여로 향하던 일본군은 백강(白江) 좁은 협곡에서 나당연합군의 기습공격을 받고 1만7천 명이 전멸했다.

이것이야말로 한반도에서 펼쳐진 일본과 중국(唐)이 참전한 최초의 국제전이었는지 모른다. 또한 이것이 한반도가 지닌 지정학적 운명이기도 하다. 그 후에도 일본군이 미군과 더불어 이 땅에서 전쟁을 치를 기회가 있었다.

1950년 6월 27일, 북한의 남침으로 서울이 적의 수중에 들어갈 위기에서 정부는 대전으로 피란을 왔었다. 충남도지사 관사가 이승만대통령의 임시관저로, 충남도청은 임시 중앙청이 되었다.

그때 7월 1일 밤, 무쵸 초대 주한미국대사가 이승만대통령을 방문했다. 그리고는 6.25 전세가 좋지 않으니 급한 대로 일본군의 지원을 받는 게 어떤지 조심스럽게 물었다. 그러자 이대통령은 얼굴이 굳어지며 "만약 일본이 우리를 돕겠다고 상륙해온다면 우리는 그들에게 총구를 돌려 쫓아내겠다."고 단호히 거절했다. 그로부터 미국은 이대통령 앞에서 다시는 이 문제를 꺼내지 않았다.

한 · 일 국방장관 회담이 4년여 만에 지난 달 싱가포르에서 열렸는데 유사시 미국과 공조로 일본이 한반도에서 군사행동을 할 수 있느냐는 문제가 관심이었다. 그럴 수밖에 없는 것이 한반도 유사시 일본의 군사적 행동은 여전히 의심스러운 데가 있다. 지난해 일본 내각이 통과시킨 헌법해석에 대해 아베 신조(安倍晋三) 총리가 '자위조치로서의 무력행사'란 모호한 개념을 도입하였기 때문이다.

근대사에 이르러 '배신의 外交'를 수없이 반복해 우리 민족에 말할 수 없는 고통을 준 일본이기에 우리는 계속 경계와 의심의 눈으로 그들을 바라볼 수밖에 없다. 이번 유네스코가 일본의 근대산업시설을 세계문화유산으로 등재할 때 전제가 됐던 '강제노역'(forced to work)의 합의문 해석을 뒤집는 것만 봐도 그렇다.

요즘 '배신의 정치'가 화두이지만 '배신의 외교'가 더 무서운 것은 국가의 안보가 달려있기 때문이다. 日王의 몸에 한국인의 피가 흐른다면 우리에게 '신뢰의 이웃'이 될 수는 없을까?

경기일보 (2015. 7. 15)

燕山君, 환관을 무참히 죽이다

"이 늙은 신은 네 분 임금을 섬겼습니다. 그런데 전하처럼 문란한 왕은 보질 못했습니다. 임금 자리에 오래 있지 못할 것 같아 원통합니다."

1505년 환관 김처선(金處善)이 국정은 돌보지 않고 사냥터에서 활쏘기에만 정신을 쏟고 있는 연산군(燕山君)에게 허리를 굽혀 아뢰었다. 그러자 연산군은 노기가 발동하여 들고 있던 활을 당겨 김처선에게 쏘았다. 김처선은 옆구리에 화살을 맞고 비명을 지르며 쓰러졌다. 그러자 연산군은 "내시 주제에 감히…."하며 이번에는 칼을 들어 무참히 김처선을 살해했다.

그래도 누구 하나 미치광이처럼 날뛰는 연산군을 말리려 하지 않았다. 오히려 화가 자기에게 닥치지 않을까 벌벌 떨 뿐이었다. 사실 김처선의 연산군에 대한 충언은 이번만이 아니라 기회 있을 때마다 행해졌고, 특히 연산군이 궁중에서 처용희(處容戱)를 벌일 때 더욱 강한 톤으로 아뢰었다. 그것이 매우 난잡한 섹스놀음이었기 때문이다.

연산군은 궁으로 돌아와 김처선의 고향 충청도 전의(全義, 지금의 세종시)에 묻혀있는 김처선 조상의 묘를 파헤치도록 했고, 세종시 전의초등학교 운동장 서편에 있었던 것으로 추정되는 그의 생가를 불태워 초토화시키도록 했다.

얼마나 바른 말로 연산군을 질타했으면 무자비한 보복을 당했을까? 김처선은 내시, 환관의 신분이면서도 특출한 능력을 가졌던 사람으로 전해진다. 네 분 임금을 지근거리에서 모신 것만 보아도(연산군까지 다섯 임금) 그의 위상을 알 수 있다.

그는 文宗 때 한 사건에 연루돼 유배를 갔다가 단종 때 풀려나기도 했고 1455년 단종 3년, 또 다시 정변에 연루돼 유배를 가는 등 유배와 복직을 되풀이했다. 환관의 신분이면서 궁중에서의 비중이 컸던 것 같다.

그런가하면 중국어에 능통하여 성종 때에 임금 곁에서 통역을 맡기도 했고 의술에도 뛰어나 성종의 대비를 치료한 공로를 인정받아 '자헌대부'에 오르게 된다. 그러니까 정치, 의술, 통역, 의전에 이르기까지 환관 김처선의 실력은 가히 궁궐을 주름잡았다 하겠다.

다시 연산군을 지근거리에서 모시게 된 1505년, 그는 그의 죽음을 예감한 듯 연산군 앞에 나서기 전 가까운 사람들에게 "나는 오늘 죽을지도 모른다. 그러나 할 말은 하겠다."고 했다는 것인데 과연 그는 그렇게 극간을 토하고 무참히 죽음을 당했다.

세종시 향토문화연구소는 2년 전 김처선에 대한 포럼을 열고 그의 생애와 역사적 의미를 조명하기도 했다. 그러나 이 모임을 이끌고 있는 황우성씨(전 충남도의원)는 김처선이 내시여서 후손이 없고 그래서 자료를 모으기가 매우 힘들어 더 진척시키지 못한다고 했다.

황회장은 예산까지 부족해 공주대학 이모 교수에게 의뢰해 김처선의 생애를 만화로 만들어 겨우 5백부를 각급 학교에 돌렸다며 김처선의 생가가 있었던 곳으로 추정되는 전의초등학교 교문 근처에 그의 생애를 소개하는 비라도 세웠으면 하는 바람들을 가지고 있다고도 했다.

정말 이들의 소박한 바람이 꼭 이루어졌으면 하는 마음이다. 비록 내시의 하잘 것 없는 신분이면서도 감히 광기에 사로잡힌 연산군에게 무참히 살해되면서도 직언을 했던 그 정신은 후대에까지 높이 사야할 것이 아닌가?

가령 그가 내시의 신분이 아니고 벼슬아치로 임금에게 대들다 죽임을 당했다면 우리는 그를 '충신'이라고 높이 떠받들지 않겠는가? 같은 말이라 해도 신분에 따라 그 가치가 달라진다면 그건 모순이다.

경기일보 (2015. 7. 8)

개미고개 전투와 韓國戰

6.25때 최초로 투입된 미24사단의 스미스 부대는 고작 406명으로 거침없이 밀고 내려오는 3만 명의 북한군을 막으려 했다.

"그들은 우리가 전선에 나타나기만 하면 도망쳐 버릴 것이다."

6.25 종군기자로 '이런 전쟁'이라는 책을 쓴 퍼렌 버그는 이렇게 미군들이 북한군을 깔봤다고 했다. 그러나 7월 5일 북한군과의 첫 접전지, 오산 죽미령 전투에서 스미스 부대가 무너져 버렸고, 다시 보강해 투입된 34연대까지도 7월 6일 천안에서 퇴각을 당하는가 하면, 연대장 마아틴 대령마저 전사를 하고 만다. 한국전 최초의 연대장 전사였다.

잇달아 비보를 접한 24사단장 윌리엄.F.딘 소장은 북한군 탱크를 저지할 대전차포를 일본에 있는 맥아더사령부에 긴급히 요구하며 전선을 뛰어다녔다.

7월 6일, 천안이 무너지자 딘 장군은 지금의 세종시 전의면 소재 개미고개에 미군 667명으로 하여금 적의 남하를 결사 저지하도록 명령하였다. 그리하여 마침내 한국전 가운데 한 전투에서 가장 많은 미군 전사자를 낸 '개미고개'의 전투가 7월 11일까지 무려 5일간이나 치열하게 전개된다.

개미고개는 차령산맥을 가로지르는 분수령이어서 전략적으로 매우 중요했다. 거기다 국도 1호선이 지나고 경부선 철도가 상 · 하행선 나란히 긴 터널을 빠져나가고 있다.

철도가 지나는 깊은 계곡과 터널, 모두가 전략적으로 그 역할이 클 수밖에 없었다. 그래서 이곳은 지형적으로 안개가 자주 끼는데 그때도 그랬다. 미군이 터뜨리는 조명탄으로는 안개 속을 움직이는 적을 식별할 수가 없었다.

결국 5일간의 전투에서 미군은 667명 중 517명이라는 엄청난 전사자를 내고 조치원으로 퇴각했으며 지금의 세종시를 에워싸고 흐르는 금강에 새로운 방어선을 구축했으나 그마저 무너지고 포위된 대전을 탈출하던 딘 장군은 북한군에 포로가 되고 만다. 한국전 최초의 '미군 사단장 포로'라는 불명예를 안고 말았다.

517명의 목숨을 앗아간 개미고개—지금 그곳에는 알지도 못하는 아시아의 조그만 나라, 한국을 위해 목숨을 던진 미군들을 기념하는 작은 공원이 조성되어 있다. 전투자세를 취하고 있는 3명의 미군 병사와 쓰러진 전우를 일으켜 세우고 있는 병사, 그리고 한 켤레의 흙 묻은 군화와 철모가 얹혀진 총검의 조형물이 있고 그런 부조물이 반원형으로 펼쳐져 있어 그날의 처절했던 장면을 실감하게 된다.

그런데 이들의 희생은 헛된 것이었을까? 아니다. 한국전을 연구한 사람들은 개미고개에서 517명의 전사자를 내면서까지 5일간을 버티어낸 것이 결국 북한군의 남진계획에 차질을 일으켰다는 것이다.

미24사단이 비록 패퇴했지만 대전 전투에서 시간을 끌었고 그것은 다시 낙동강 전선을 구축할 시간을 벌어줬다는 것. 만약 그때 낙동강 전선이 구축되지 않았으면 부산까지도 적의 수중에 넘어갈 수 있었을 것이니 참으로 아찔하다. 세종시가 해마다 개미고개 전투가 벌어진 7월 6일, 현장에서 추념식을 갖는 것도 그런 의미가 있다.

지금의 이때쯤이면, 개미고개 깊은 계곡에 피어나는 짙은 안개를 보면, 이국땅에서 장렬히 산화한 517명 혼령에 저절로 숙연해진다.

경기일보 (2015. 7. 1)

위기 때 드러난 세종시의 허점

대한민국 국보1호 숭례문이 어처구니없는 방화범에 의해 소실된 2008년 2월 10일 밤 8시 40분경, 당시 유홍준 문화재청장은 급보를 받고 대전에서 서울로 올라갔다.

여느 화재사건과는 달리 숭례문은 문화재, 특히 국보 1호이기 때문에 그냥 불을 꺼야하는 단순함이 아니라 복잡한 문화재의 전문적 판단이 시급했는데 최고 결정권자는 그 시간을 서울로 올라가는데 허비할 수밖에 없었다.

초동 화재 진압에서 실패한 숭례문 화재는 지금 전국을 불안케 하고 있는 메르스 사태를 초기 대응 실패로 규정하는 것과 비슷하다.

뿐만 아니라 2010년 3월 26일에 발생한 천안함 폭침사건 때도 사건을 지휘해야할 합참의장은 계룡대에서 보고를 받고 KTX 편으로 서울로 올라갔다.

1분 1초가 긴박한 시간, 계룡대에서 서울까지 합참의장이 작전 헬리콥터가 아닌 KTX에 기대에 1시간을 소비하다니…. 황당한 일이었다.

이번 메르스 사태에서도 이와 같은 늑장 대응의 함정이 놓여 있었다. 문화재청이 있는 대전이나 3군 본부가 있는 계룡대가 모두 세종시 울타리에서 벌어졌듯이 이번의 메르스 사태 역시 세종시와 서울 사이의 정부 기능, 특히 '위기관리' 시스템의 민낯을 보여준 것이라 하겠다.

메르스는 서울 삼성병원과 경기도 평택의 성모병원이 중심이 되어 퍼져 나갔는데 보건복지부는 세종시에 있었다. 메르스와 직접 대면해 싸워야할 질병관리본부는 충북 오송에 있다. 서울에서는 1시간 30분 이상이 소요되고 세종시에서도 30분이나 되는 거리다. 또 실제적인 상황통제는 서울에 있는 건강보험공단에서 복지부 관료들에 의해 부분적으로 진행됐다.

그러니 주요 발화점은 수도권인데 진화는 세종시와 충북 오송, 서울에서 동시 다발적으로 이루어졌으니 얼마나 비효율적이었을까? 역시 장·차관은 물론 복지부 관료들은 천안함 폭침 때의 합참의장처럼 KTX에 의존하거나 자동차로 왔다갔다 아까운 시간을 소비했다.

특히 국회에 불려나가 보고도 하고 방역에 아무런 도움도 되지 않는 의원들의 호통만 듣느라 얼마나 많은 시간을 보냈는가? 그 시간에 메르스는 얼마나 많이 퍼졌을까?

대책회의가 서울에서 열리면 몇 시간 걸려 서울로 몰려가고, 세종시에서 열리면 세종시로, 질병관리본부에서 열면 오송으로, 언론 브리

핑을 하게 되면 또 그렇게 쫓아다녀야 하는 우리 시스템의 비능률적인 모습이 후진국에서도 보기 어려운 장면이 아닐 수 없다.

이번 메르스 사태만이 아니라 지난해 세월호 침몰 때도 해수부는 세종시에, 현장지휘는 팽목항과 정부 서울청사에 있어 콘트롤타워가 일사분란하지 못했다.

따라서 우리 정부의 60%가 넘는 9부, 2처, 2청의 36개 행정기관이 서울로부터 150km 떨어진 세종시에 있기 때문에 국가 비상시 우왕좌왕 않도록 대책을 확고히 세워야 한다. 이제 와서 세종시를 포기할 수는 없지 않은가.

첫째는 국회 상임위원회만이라도 세종시에서 열 수 있어야 한다. 장 · 차관이 하루 종일 국회에서 대기하다 겨우 몇 마디 보고하거나 허탕치고 돌아오는 국정의 낭비를 막기 위해 국회가 능동적이고 적극적으로 세종시를 활용해야 한다는 것이다.

두 번째는 지금 오송역과 별도로 시급히 세종시에 KTX역을 만들어야 한다. 사실 세종 정부청사에서 KTX를 타려면 오송까지 가야되는데 그 시간이 만만치 않다. 기왕 세종시로 호남고속철도가 개통되어 역 하나만 세우면 즉시 열차를 이용해 길에서 버리는 시간을 절약할 수 있다.

경기일보 (2015. 6. 24)

세종大王, 채찍을 들다

세종대왕은 '조선실록'에 나타난 것만으로도 100가지가 되는 지병을 갖고 있었다. 한쪽 다리가 아파서 10년이나 고생을 했고, 책을 너무 많이 읽어 안질이 생겨 지금 세종시 전의면에 있는 약수터에 와서 치료를 받기도 했다.

세종대왕을 가장 괴롭힌 것 중 하나는 등창이었다. 오죽했으면 "지난 밤, 돌아눕지 못할 만큼 아프고 괴로웠다."고 했을까?

대왕은 자신이 신병을 많이 앓고 있었기 때문에 백성들의 질병 관리에도 많은 노력을 기울였다. 심지어 감옥에 갇힌 죄수들이 아프면 특별관리를 하도록 했고, 노비의 신분이라도 여자가 임신을 하면 출산전후 휴가를 주라고 했다. 특히 노비가 길에서 아기를 낳았다는 보고를 듣고는 무척 가슴 아파했다.

'임금인 나도 병에 걸리면 고통을 겪는데 백성들이야 어떻겠는가?'

늘 대왕의 머리에서 떠나질 않았던 것이다. 그래서 세종대왕은 조선 땅에서 발생하는 모든 질병을 조사하여 959종으로 분류했고, 그것에 대해 1만7백 가지의 처방을 작성케 했다. 그 당시로서는 대단한 작업이었다.

이것이 1433년 6월에 간행된 '향약집성방(鄕藥集成方)'으로 '동의보감'과 함께 우리나라 3대 의서(醫書)로 꼽힌다.

그러나 이것은 양반 상류층에서나 보급되었고 일반 백성은 그 글이 모두 한문으로 되어 있어 이해할 수가 없었다. 그뿐이 아니었다. 전염병이 돌 때마다 방방곡곡, 방을 붙여 질병퇴치를 위한 처방을 널리 알리게 했는데 이 역시 한문으로 되어 있어 실효를 거두지 못했다.

"어찌하여 백성들은 그 처방에 따르지 않고 미신에 사로잡혀 굿을 하며 안타깝게 죽어 가는가?"

전염병이 창궐하여 백성들이 수없이 희생되어도 한문으로 되어 있는 처방서를 이해하지 못하다니…. '훈민정음', 즉 누구나 배우기 쉽고 읽기 쉬운 '한글'의 필요성을 세종대왕은 절실히 느꼈으리라.

그리하여 마침내 1446년, 세종 28년 '한글'은 빛을 보게 된다. 물론 백성을 질병으로부터 구하는 데만 한글 창제의 목적이 있었던 것은 아니지만 이러저러한 목적이 결국은 백성을 사랑하고 소통하기 위한 것, 그 하나로 귀결됨은 물론이다.

그런데 세종대왕이 질병을 분류하고 처방이 담긴 의서를 보급하며 '한글'까지 반포한지 500년이 넘었지만 메르스 사태에서 보듯 '한글'이 없던 때나 마찬가지로 우리는 허둥대고 학교수업을 멈추는 등 백성은 갈피를 잡지 못하고 있다.

만약 지금 세종대왕이 만삭의 임산부가 메르스에 감염되었다는 뉴스를 접했다면 얼마나 혀를 찼을까? 어느 시대인데 그렇게도 무방비 상태로 임산부를 노출시키는 사회시스템인가.

평택의 한 경찰관이 사우디에서 귀국한 친구와 술을 마신 후의 행보가 너무 황당하여 의료진이 감염경로를 못 찾아 쩔쩔맨 모습을 보면 또 얼마나 기막혀 했을까.

그 경찰관의 평택–서울 의료원–기차를 타고 평택–직원 승용차를 타고 보건소–자택–다시 아산 충무병원–단국대병원으로 이어지는 행보가 아프리카 후진국이나 석기시대의 모습으로 착각을 하게 한다.

오히려 우리가 은근히 의료수준을 얕잡아 보았던 중국에서는 13억이나 되는 큰 식구를 거느리고도 현재까지 단 1명의 메르스 감염자가 발생하지 않은 것에 정신을 똑바로 차려야 한다.

그들은 요란을 떨지도 않고 중동에서 메르스가 발생한 순간부터 차분히 대문을 굳게 지켰다. 가장 기초적인 것, 모든 병의 출입문, 공항과 항만을 철저히 막은 것이다.

세종대왕은 지금 이렇게 호통칠 것이다. "터진 후 호들갑 떨지 말고 처음부터 대문을 지켜라."

경기일보 (2015. 6. 16)

'영혼' 이 없으면 '타짜' 라도 돼라

"저를 저 사람들처럼 고통 받는 나병환자가 되게 해주십시오!"

1873년 몰로카이 섬의 나환자 집단촌에서 다미안 신부는 그렇게 기도했다. 지금은 하와이의 6개 섬 가운데 아름다운 해안선과 관광시설로 세계적 명소가 되어있는 몰로카이 섬이지만 19세기만 해도 나병환자의 집단촌으로 마을은 생지옥을 이루고 있었다. 희망은 없고 절망의 아우성뿐이었으며 마약, 술, 싸움, 악취로 가득했다.

이런 저주받은 섬에 벨지움 출신의 다미안 신부가 파견된 것이다. 그는 나환자들에게 치료와 함께 정신적 평화를 심어주기 위해 열정을 다 바쳤으나 오히려 냉소와 불신만 받았다. 이에 다미안 신부는 그들과 같은 고통을 함께하지 않고는 그들의 마음을 움직일 수 없음을 깨닫고 '저도 나환자가 되게 해주십시오.'하고 기도를 한 것이다.

그리고 마침내 나병에 걸려 얼굴이 문드러지고 팔이 뒤틀리는 등 고통을 겪다 세상을 떠나고 만다. 마침내 섬의 나환자들은 다미안 신부의 숭고한 사랑에 감동되어 악습에서 벗어나게 되었고 섬에는 평화가 찾아오게 된다. 특히 나병 퇴치를 위한 다미안연구소가 세워졌고 지금은 쾌적한 관광지가 되었다.

자기의 모든 것, 생명까지도 던지는 다미안 신부야 말로 '영혼'을 지닌 지도자의 모습이다.

우리의 육군사관학교는 해마다 졸업식 때 '강재구'상을 수여한다. 육사 16기인 강재구 소령은 인천 출신으로 1965년 10월 4일 부대 훈련 중에 부하가 잘못 던진 수류탄을 자기 몸을 던져 막음으로써 목숨을 잃었지만 많은 부하들을 살릴 수 있었다. 그래서 육군사관학교는 교정에 그의 동상을 세웠고, 정부는 교과서에도 오르게 하여 '영혼 있는 인물'의 유훈을 길이 전하게 했다.

그런데 요즘 우리는 '공직자에 영혼이 없다.'는 말을 자주 듣게 된다. 이제는 아예 공직자는 영혼이 없는 별천지 사람이 되었고 국회의원쯤 이르면 '영혼'은 고사하고 세금 내는 것이 아까운 존재로 치부되고 있다.

나라를 지키는 군마저 믿을 수 없게 되었다. 적의 잠수함을 탐지하기 위해 건조된 군함에 물고기 탐지기를 달아 돈을 챙긴 군 지휘관과 계속되는 각종 무기 구입 비리가 과연 '강재구'의 후배들인지, 영혼이 있다고 할 수 있는지도 묻고 싶다. '4대강 사업'을 추진한 사람들도 바로 공직자들이었고 지금 와서 비판하는 사람들도 그들이다.

세월호 침몰로 콘트롤 타워가 없이 우왕좌왕하다 1년 내 나라를 혼란에 빠뜨린 사람들도 '영혼 없는' 그들이었고 이제는 '메르스(MERS)'로 온 국민을 불안 속에 몰아넣고 있는 것도 역시 콘트롤 타워 기능을 상실한 그들이다.

다미안 신부나 강재구 소령 같은 자신을 던져 희생하는 영혼 있는 공직자를 볼 수가 없다. 책임 떠넘기기, 변명이 전부다.

이번 '메르스'는 세월호 때보다 더 심각하여 국가경제는 물론 동네 냉면집까지 문을 닫게 만들고 있다. 어떻게 그렇게 손쓰는 게 어설프고 아마추어 수준인가? 허둥대는 모습이 정말 답답하다. 또 다른 대형 사고가 터지면 어떻게 할 것인가?

문득 2006년 도박판 세계를 그린 영화 '타짜'가 생각난다. 손톱으로 화투 뒷면을 눌러 비밀 표시를 하고, 성냥갑 밑으로 화투장을 전달하는가 하면 라이터에 반사되는 것을 이용해 상대방 패를 읽는, 그야말로 '타짜'의 솜씨는 가히 '신의 손'이었다. 손끝으로 화투장 그림을 읽기까지는 때로는 손가락이 잘려 나가는 고통쯤은 각오해야 했다.

그렇게 하여 프로 즉 '타짜'가 탄생하는 것이다. 우리 공직자, 차라리 영혼은 없어도 자기 업무에 철저한 '타짜'라도 되었으면 좋겠다. 우왕좌왕하지 않고 100% 철저히 자기 업무를 해내는 프로정신, 그리하여 이 밤, 국민이 편히 잠잘 수 있게.

경기일보 (2015. 6. 10)

세종市의 '저승사자' 소동

"소매치기 때문에 일을 할 수 없다."

지난 5월 22일, 프랑스 파리의 에펠탑에 근무하는 직원들이 이와 같은 피켓을 들고 항의시위 끝에 파업에 돌입한 사건이 있었다. 임금인상이나 근무환경을 요구하는 파업은 흔히 있는 일이지만 소매치기가 파업의 원인이 된 건 처음 보는 일이었다. 에펠탑은 해마다 220만 명 이상이 다녀가는 파리의 랜드마크.

1889년 파리 만국박람회를 기념하여 이 탑을 만들 때만 해도 일부에서 반발이 컸었다. '천박하다'는 것이 대종을 이루었고 심지어 프랑스가 낳은 세계적 작가 모파상은 자기의 동상이 에펠탑이 보이지 않도록 등을 돌렸다.

급기야 프랑스의 대표적 지식인 300인이 에펠탑 반대선언을 하게 되었고 결국 20년 후에는 철거한다는 조건으로 프랑스 혁명 100주년과 파리 박람회를 기념하는 탑으로 그 해 3월 31일 완공을 보았다.

그러나 '천박하다'는 에펠탑이 시간이 갈수록, 눈에 익어가며 아름답게 보이기 시작했고, 마침내 '철거'는 없는 것으로 되어 오늘까지도 파리를 상징하는 것이 되었다. 심리학에서는 이처럼 보기 싫은 것도 오래 보면 좋아지는 것을 '에펠탑 효과'라는 말까지 생겼다.

에펠탑처럼 많은 나라와 도시들이 그들을 상징하는 랜드 마크를 갖고 있다. 그리고 그 것은 귀중한 관광자원이 되고 있다.

미국의 '자유의 여신상'이나 영국 런던의 의사당 시계탑 '빅벤', 브라질의 '예수상'이 대표적인 예이다. 특히 세계 3대 미항이라고 하는 브라질의 리우데자네이루에 있는 코르코바도 산 정상의 '예수상'은 연초록의 아름다운 바다에 에워싸인 리우데자네이루 전경을 한 눈에 조망할 수 있어 관광객의 필수 코스가 되고 있다.

요즈음 세종시에 얼토당토 않은 '랜드 마크'가 등장하여 화제가 되고 있다. 세종시로 국세청이 이전하면서 건물 앞에 조형물을 설치했는데 이름하여 '흥겨운 우리 가락'이다.

한복에 갓을 쓰고 춤을 추는 춤꾼의 모습인데 일부에서 춤꾼의 모습이 칼춤 추는 '저승사자' 같다는 말이 나오기 시작했다. 특히 밖에는 주변의 조명까지 어우러져 그런 인상을 강하게 준다는 것.

국세청의 이미지가 납세자의 눈에 곱지가 않은 것이 사실인데 '저승사자'라는 이름이 돌고 도는 것은 더욱 공포의 대상이 될 수도 있다는 것이다. 그래서 지난 5월 17일 이 작품을 국세청에서 100여m 떨어진 대로변으로 옮겼는데 오히려 반응은 신통치가 않다. 그래도 파리 에펠탑처럼 오래 보아야 아름다워질 수 있을까? 그래서 세종시 미래의 꿈을 담을 랜드 마크가 될 수 있을까?

물론 세종시에는 몇 가지 명물이 있다. 첫째가 높이 42미터의 '밀마루 전망대', 이곳 옛 지명으로 '낮은 산등성'이라는 뜻의 이 전망대는 누드 엘리베이터 모양에 360도로 세종시를 한 눈에 조망할 수 있었으나 이제는 높은 건물들이 하나씩 전망을 가로막고 있고 높이도 낮아 랜드마크가 될 수 없다.

두 번째로 꼽을 수 있는 것이 세종 호수공원. 축구장 62개 면적의 국내 최대 규모를 자랑하고 특히 50m 높이까지 물을 뿜어 올리는 고사분수와 중앙 수상무대, 바다에 온 것 같은 착각을 느끼게 하는 백사장은 일품이다.

그러나 이 역시 새 시대를 여는 세계적 명문도시 세종을 나타내기는 그렇다. 그래서 '저승사자' 시비가 나온 김에 세종시에 랜드 마크를 세우는 일을 시작하면 어떨까? 그렇다고 서두르면 또 '저승사자' 이야기가 나올 수 있는 만큼 각계의 전문가로 심도 있는 작업을 했으면 한다. 이 역시 세종시, 나아가 대한민국의 관광자원이 될 수 있을 것이다.

경기일보 (2015. 6. 2)

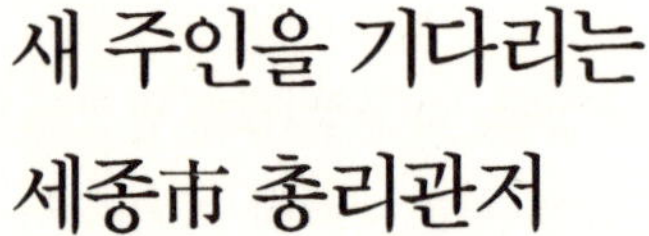

새 주인을 기다리는 세종市 총리관저

지난해 TV드라마로서는 보기 드문 시청률을 올린 게 '미생'이었다. '장그래'로 더 알려진 '미생'은 마침내 국회에서 비정규직 근로자를 위한 소위 '장그래법'이 추진될 만큼 국민적 공감대도 컸다.

그런데 이 드라마가 성공한 이유는 주인공 '장그래'역의 임시완에 못지않게 충혈된 눈과 거친 모습의 영업3팀장 '오상식'역의 이성민 등 주연 같은 조연들의 연기력이었다고 전문가들은 평한다.

이처럼 영화나 드라마가 성공하려면 A급 조연을 캐스팅해야 한다. 역시 공전의 히트를 친 영화 '국제시장'에서도 조연이면서 주연 같은 오달수 효과가 컸다고 평한다. 심지어 오달수만 들어가면 그 영화는 성공한다는 말이 떠돌 정도다.

누구보다 조연의 중요성을 익히 알고 있던 사람으로 삼성그룹 창업자 故 이병철 회장을 꼽을 수 있다. 이회장이 처음 TBC(동양방송)을 세웠을 때 시청률을 올리는 비법으로 A급 탤런트를 드라마의 조연으로 등장시키는 것이었다. 강부자, 박노식 등이 그 때에 인기몰이를 했던 주연급 조연들이었다.

이병철 회장이 인기 드라마를 제작하듯 삼성의 조직도 그렇게 탄탄하게 다져진 데는 주연급 인물들의 조연 역할이 컸다.

정치도 조연배우가 중요하다. 그런 면에서 박정희 전 대통령이야말로 김종필(JP)를 비롯 박태준, 남덕우 등 많은 주연급 조연을 적절히 배치하면서 그의 집념인 산업화의 꿈을 밀고 나갔다.

전두환 전 대통령만 해도 정통성 없는 자신의 권력을 조연들의 연기로 메꾸어 나갔고, 특히 아웅산테러 때 숨진 김재익 경제수석 같은 이는 '경제 대통령' 소리를 들어가며 성장과 물가를 균형 있게 잘 이끌었다. 김대중(DJ) 정부 때는 정권 출범과 함께 몰아닥친 IMF 위기를 임창열 경제부총리를 주연급 조연으로 내세워 조기에 진화시키는 역할을 했다.

그런데 요즘은 그런 주연급 조연이 없어 정치판 드라마가 재미없다. 노무현 정부의 '조연'하면 '시끄러운 사람'들이 떠오르고 MB정부에서 '조연'하면 MB 대통령의 형 이상득? 왕차관이라는 박영준? 호위무사만 있지 A급 조연배우가 없다.

그러면 지금 정부에서 드라마를 살리는 조연자가 있을까? 역시 떠오르는 얼굴이 없다. 조연자 역할을 해야할 국무총리의 계속된 인선

실패, 낙마가 그렇고, 북한문제는 말할 것 없고, 대일관계, 대미관계를 비롯해 외교안보 문제를 풀어가는 A급 조연의 얼굴이 보이지 않는다. 그런 면에서 미국의 키신저 前국무장관이야말로 A급 조연배우다.

경제분야는 더 말할 것 없다. 무대에는 대통령만 있고 몸을 던지는 A급 조연이 보이지 않는 것이다.

새정치민주연합 역시 친노 · 비노간 내홍을 보면 A급 조연배우의 기근현상을 적나라하게 보여준다. 친노의 정청래 최고위원은 문재인 대표를 살리는 A급 조연배우가 아니라 막장 드라마의 '호위무사'로 악역만 했다. 그래서 친노 진영에 섰던 인사들 입에서 친노에 대해 '노무현 정신'은 없고 '완장'만 남았다'고 개탄했고 '빽바지'대 '런닝구' 싸움이니 하는 조잡한 단어들까지 난무했다.

국회는 곧 황교안 국무총리 지명자에 대한 청문회를 실시할 계획이다. 여러 가지 검증이 뜨겁게 전개될 전망이지만 호위무사형 총리인지, A급 조연자 총리인지 검증하는 게 더 중요할 것이다. 세종시에 비어있는 총리관저도 그런 주인을 기다리고 있다.

경기일보 (2015. 5. 27)

총리 落馬와 세종市

걸핏하면 고령화 사회를 거론하지만 대한민국에서 유일하게 '젊어지는 도시'가 있다. '행복도시'라 일컫는 세종시. 인구의 86%가 40代 이하로 평균연령이 31.1세. 우리나라에서 가장 젊은 도시로 알려진 경북 구미시의 35세 보다 평균 연령이 4세 젊다.

대한민국 행정의 70%가 이루어진다는 세종시로서는 가장 큰 발전 동력인 셈이다. 그런데 이와 같은 고무적인 현상에 가끔은 정치가 찬물을 끼얹기도 한다. 이번에 전국을 강타한 소위 '성완종 리스트'가 그런 것이다.

지난 4월 27일, '이완구 국무총리의 무대'가 단막극으로 끝나던 날, 세종시의 한 부동산중개소에서 있었던 일이다. 공인중개사 H씨는 주상복합 상가에 있는 점포 하나를 계약할 손님을 기다리고 있었다.

그런데 약속 시간이 1시간이 지나도록 아무런 연락이 없었다. 부동산업소 사무실의 벽에 걸린 TV에서는 종편 방송들이 성완종 경남기업 회장과 이완구 총리의 3천만원 불법정치자금 수수여부에 대한 뜨거운 이슈들이 다루어지고 있었다.

그 때 중개업자 H씨에게 전화가 걸려왔다. 기다리던 점포 계약 희망자였다.

"아니 계약을 보류하신다고요? 이완구씨가 국무총리 그만두는 것하고 점포 계약하는 것 하고 무슨 상관이 있습니까?"

H씨의 얼굴은 실망이 역력했다. H씨는 전화를 끊고는 이렇게 말했다. "내 이렇게 될 줄 알았어. 이제 호남사람, 서울사람이 총리되면 세종시에 신경 쓰겠어요?" 사실 이완구씨가 총리에 지명되었을 때 충청도, 특히 세종시민들이 가장 반겼던 것은 이제 세종시가 제대로 되겠구나 하는 기대 때문이었다.

그럴 수밖에 없는 것이 세종시를 기업도시로 바꾸려던 이명박 대통령에 정면으로 맞서 도지사직을 팽개친 사람이 국무총리가 되었으니 세종시야말로 날개를 얻은 것과 같지 않은가.

그런 기대에 부응하듯 그는 총리가 되자마자 총리공관이 있는 세종시 어진동에 주민등록을 이전했고 아직 서울에 남아있는 국민안전처, 인사혁신처를 금방이라도 세종시로 옮길 듯 적극적 자세를 보였다.

뿐만 아니라 세종시가 안고 있는 가장 큰 문제들, 이를테면 정부 세종청사 공무원들의 비효율적이고 비경제적인 출퇴근 문제, 특히 국회출석으로 빚어지는 업무공백 문제 같은 것도 국회분원 설치 등 근본적으로 잘 해결되리라 믿었던 것이다.

그것은 결국 세종시의 부동산 경기에도 영향을 주어 아파트 분양이나 시설투자에 속도를 내게 했다. 하지만 '성완종 리스트'로 이완구 총리가 낙마하면서 분위기는 싸늘해졌다.

앞에 언급한 부동산 중개업자의 불평이 바로 그런 알러지성 반응이다. 실제 이와 같은 상황은 세종시 전체로 퍼지고 있다. 활발하던 부동산 거래가 주춤하고 심지어 세종시로 이전하는 것을 달갑지 않게 생각하는 서울 소재 부처의 공무원들 사이에선, 이번 '성완종 리스트'가 이전 반대의 좋은 구실이 되고 있다는 게 공공연한 이야기다.

일부에서는 내년에 총선거도 있고, 세종시 개발정책을 강력히 추진하던 국무총리도 낙마한 만큼 세종시의 미래를 걱정하는 소리도 높다.

정말 국가균형발전과 지방분권을 위해 추진돼온 행정중심복합도시, 세종시가 충청도 출신 국무총리면 탄력을 받고, 그렇지 않으면 뒷걸음을 친다면 그것은 국가적으로 매우 불행한 일이다. 이러다 '가장 젊은 도시 세종'이 '가장 늙은 도시'로 되돌아가지 않을까 걱정이다.

경기일보 (2015. 5. 19)

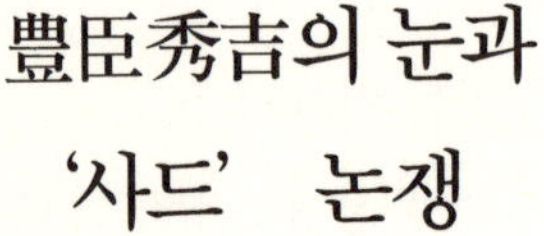

豐臣秀吉의 눈과 '사드' 논쟁

1590년 3월, 봄이 되어 날씨가 풀리자 조정에서는 일본과의 외교적 분란을 멈추고 일단 통신사를 파견키로 했다.

정사(正使), 그러니까 외교사절단장은 황윤길(黃允吉)이었고 부사(副使)는 김성일(金誠一). 정사 황윤길은 서인(西人)이었고 부사는 동인(東人)이었다. 지금으로 말하면 여·야가 공동으로 참여한 것. 그런데 김성일은 비록 부사지만 개성이 강하고 당의 배경까지 두터워 정사의 행동에 곧잘 브레이크를 걸었다. 도요토미 히데요시(豊臣秀吉)를 만날 때 그 예를 임금처럼 해야 하는지를 두고도 두 사람은 갈등을 일으켰다. 그러면서 1년이나 걸린 일본체류를 끝내고 귀국하여 선조 앞에서 귀국보고를 할 때 돌이킬 수 없는 서로 다른 길을 걷고 말았다.

황윤길이 아뢰었다.

"도요토미는 눈빛이 날카롭고 담략이 넘치는 인물입니다. 또한 병선(兵船)을 많이 건조하고 있는 것으로 보아 조선을 침략할 것이 확실합니다."

선조 임금은 금세 낯빛이 어두워졌고 중신들은 낭패한 기색이 역력했다. 그러나 부사의 보고는 이와 반대였다.

"전하. 도요토미의 눈은 쥐새끼 같고 사람됨이 조선을 침략할 만한 인물이 못됩니다."

한 사람의 얼굴을 두고 정사는 '눈빛이 날카롭다' 하였고 부사는 '쥐새끼 같다'고 했으니 어찌된 일인가? 한 사실(fact)을 두고도 당파에 따라 그 보는 것이 달랐던 것이다. 눈이 '쥐새끼' 같으면 어떻고 '사자눈' 같으면 어떤가? 그것이 조선침략과 어떤 관계가 있는가? 참으로 한심할 뿐이다.

그럼에도 조정은 격론을 벌인 끝에 주요지점에 성 쌓는 일을 중지시키는 등 화평무드로 돌아갔다. 하지만 이듬해 도요토미는 15만 8,700명의 육군과 9,000명의 수군 등, 20만 병력으로 조선침략을 개시. 1592년 4월 14일에 부산에 기습 상륙했다. 일본은 파죽지세로 북상했고 4월 29일 전쟁 보름만에 선조 임금은 서울을 버리고 의주로 피난을 떠나야 했다. 임금이 도성을 버리던 날은 달도 없고 비까지 내렸으며 백성들은 궁궐에 불을 지르고 임금의 행렬에 돌을 던지기도 했다.

요즘 방영 중인 KBS—TV 사극 '징비록'에서는 선조 임금이 전란의 보고를 받고 고함을 지른다. "경들은 일본이 쳐들어오지 않을 거라 했는데 이것이 어찌된 일이요!" 그러나 그때는 이미 늦었고 무능한 왕은 눈물을 보일 뿐이었다. '침략이 없을 것' 이라고 보고한 김성일은 사실은 민심의 동요를 막고 내면적으로 대비를 하려는 뜻으로 그렇게 했다고 하지만 그 책임을 물어 파직을 당했다.

그러나 '소 잃고 외양간 고치는 격'에 지나지 않았다. 그런 와중에서도 '징비록'의 저자 유성룡에 의해 김성일에게 다시 나라를 위해 공을 세울 기회가 주어졌고 의병장 곽재우를 지원하는 등 혁혁한 활동을 전개하다 전쟁 중에 1593년 병사한다.

요즘 우리나라가 북한 핵미사일을 방어할 '사드' 도입 문제로 논란이 정치권을 중심으로 확대되고 있다. 이 역시 '사드'를 보는 눈이 임진왜란 때의 황윤길과 김성일처럼 정파에 따라서 그 보는 입장이 다르다.

국가안보는 정파를 초월하여 북한의 미사일을 막는데 그것이 필요하다면 어느 쪽 눈치 볼 것 없이 결정하면 그만이다. 그것이 제2의 임진왜란, 제2의 6.25를 막는 것이다.

충청투데이 (2015. 4. 15)

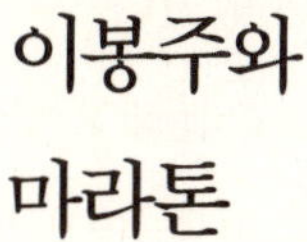

이봉주와 마라톤

‘인생은 마라톤과 같다’고 한다. 인생의 어떤 면을 보고 그렇게 말했을까. 마라톤 하면 머리에 스치는 사람이 있다. 이봉주. 충남 천안이 고향인 이봉주의 나이는 올해 만 46세로 불혹을 훌쩍 넘었다. 우리나라에서 유일하게 마흔 한번이나 마라톤을 완주했으니 그가 달린 거리는 지구의 다섯 바퀴에 해당할 만큼 길다.

그러나 그의 신체적 조건은 마라톤과는 거리가 멀었다. 가장 대표적인 것은 짝발에 평발이라는 것. 뛰는 것 자체가 지옥 같은 슬럼프에 빠져들 때도 그것을 불굴의 의지로 극복하면서 마라톤을 해왔다. 어떤 경우에도 포기하지 않고 우직하게 밀고 가는 것, 이것이 그의 강점이었다.

2000년 시드니 올림픽에서 이봉주는 국민들에게 금메달의 꿈을 안겨주리라 기대했었다. 그러나 15km 지점에서 아프리카 선수에 부딪히는 의외의 불상사로 그 꿈은 깨어지고 말았다. 하지만 그는 포기하지 않고 완주를 하는 것으로 만족했다.

2001년 보스톤 마라톤 출전을 앞두고는 아버지가 갑자기 세상을 떠나 충격에 빠지기도 했다. 시드니 올림픽의 패배, 아버지의 사망, 그야말로 슬럼프의 연속이었다. '시련의 아픔'은 너무나 컸다. 그러나 이봉주는 다시 일어나 달리기 시작했고 그해 말 후쿠오카 마라톤에 출전하여 2위를 함으로써 스스로 자신의 에너지를 충전할 수 있었다.

그리고 2001년 마침내 마라톤대회의 세계적 명문, 보스톤대회에 출전한다. 레이스 중반까지 10여명이 선두를 유지했는데 이봉주는 선두그룹을 계속 유지해나갔다. 30km 지점부터는 서서히 속도를 높여갔다.

'심장 파열의 언덕'이라는 최고의 난코스에서는 불과 4명만이 선두를 유지했다. 이봉주는 그들 숨소리가 무척 거칠어지고 있음을 느꼈다. '저들 모두 지쳐있구나.' '이 때다!'하는 판단과 함께 발바닥에 스피드를 가하며 치고 나갔다. 그리고 얼마 전 돌아가신 아버지를 떠올리며 '아버지!'하고 외쳤다. 아버지가 눈앞에서 웃는 모습으로 나타나며 "포기말라!"하고 말하는 것 같았다. 얼마쯤 달렸을까. 옆을 보니 아무도 보이지 않았다. 이봉주 자신만이 1위로 달리고 있는 것이 아닌가.

그리하여 1950년, 6.25 전란 속에서 보스톤 마라톤대회에 출전하여 우승을 한 함기용 선수에 이어 50년만에 이봉주 선수가 월계관을 차지해 세계에 그 이름을 날렸다.

손기정과 황영조처럼 올림픽에서 우승을 하지는 못했지만 2008년

베이징 올림픽에서 28위, 2009년 서울 국제 마라톤에서 14위를 마지막으로 선수생활의 막을 내렸다. 서울시청 팀 소속으로 마라톤을 시작한 지 20년, 그는 이제 후진 양성에 심혈을 쏟고 있다.

움푹 패인 쌍꺼풀에 전형적인 충청도 사투리의 이봉주가 보여준 것은 어떤 악조건과 역경도 포기하지 않고 극복하는 모습이었다. 그래서 올림픽 월계관은 써보지 못했지만 그의 인생을 보람 있게 꾸미며 한국 마라톤을 위해 헌신하고 있는 것이 아닐까.

요즘 봄이 되면서 전국 여기저기서 마라톤대회가 열리고 있다. 어떤 대회는 최고 2만 명의 아마추어 마라토너들이 참가하는 등, 우리나라의 마라톤 인구는 10km와 하프까지 포함하면 약 4백만 명이 넘는 것으로 알려져 그야말로 마라톤 전성기를 맞고 있다.

마라톤 인구가 늘어나는 만큼 경제가 어려운 지금 그 포기하지 않는 정신, 어떤 시련도 극복할 수 있는 정신도 우리 국민들에게 깊게 퍼졌으면 하는 마음 간절하다. 역시 인생은 마라톤이다. 정치도 그렇다.

경기일보(2015. 4. 12)

미국법정에 서야 할 어느 大田시민

막 새해가 시작된 지난 1월 9일 저녁, 세계적인 기계공학자이며 터보기계생산업체를 운영하고 있는 이○○씨는 다른 억울한 일로 경찰의 도움을 받기 위해 주거지 관할인 대전 중부경찰서를 찾아갔다.

그런데 민원을 접수하던 경찰관은 컴퓨터에서 이씨가 미국으로부터 범죄인 인도대상자로 수배된 사실을 발견하고 '민원인'이 아닌 '피의자'로 체포했고 즉시 검찰로 송치했다. 검찰은 다시 서울로 이송, 지난 2월 17일 서울 고법의 범죄 인도판결을 받고 구속수감 됐다. 전혀 예상도 못했고, 당국의 도움을 받으러 나섰던 그로서는 청천벽력과 같은 충격, 그리고 황당함뿐이었다.

그는 곧 미국으로 압송돼 미국법정에서 재판을 받게 될 운명이다. SBS 등 보도에 따르면 서울대 공대 85학번으로 삼성항공 등에서 일하며 대통령상을 두 번이나 받는 등, 한국 터보기계를 대표하는 것은 물론 독일을 비롯한 기계공업의 선진국에서까지 명성을 떨쳤다. 터보기계는 산업현상에 꼭 필요한 핵심기계다. 그러던 그는 터보기계를 직접 생산하는 창업을 하게 됐고, 2010년 말 미국 일리노이 등 6개 도시의 하수처리장에 수출을 하기에 이르렀다.

그런데 여기에서 문제가 발생했다. 시간에 쫓겨 미국에 있는 이씨의 현지 지사에서 반제품을 납품하면서 직원들의 실수로 완제품처럼 'Made in U.S.A'라고 표기했다는 것이다. 결국 '원산지 표시'를 잘못한 것.

당시 미국은 국내 특수 분야의 산업보호를 위해 미국의 공공기관에서는 미국산을 구매하도록 법령을 시행중이어서 마치 이 규제를 뚫기 위한 '사기'처럼 되어 압류와 함께 벌금도 물었다는 것.

이씨는 이것으로 사건이 다 끝난 줄 알았는데 5년 동안 이씨도 모르게 사태는 더욱 커져만 갔다. 그리고 마침내 미국은 '사기미수'로 이씨를 '범인인도청구협약'에 의해 한국사법당국에 미국으로 보내줄 것을 요구하기에 이르렀고, 우리는 단 한 번도 이씨의 소명 기회도 주지 않고 구속상태에서 미국으로 보내기로 한 것.

따라서 회사가 문을 닫을 위기에 처해 있고 수백 명의 직원들과 가족들의 앞날이 캄캄해진 것이다. 특히 이씨의 13살난 막내는 중증장애인이어서 더욱 안타깝게 하고 있다. 죄가 있으면 그에 따른 상응한 조치는 당연하다. 그러나 소명의 기회가 주어지지 않고 살인범이나 강도에까지 구속심사를 하는 마당에 맞바로 신병을 구속하고 미국으로 보내는 것에 대해 주변에서는 이해하기 힘들어 한다.

미국은 아직도 4년이 되도록 우리가 인도를 요구한 이태원 살인사건의 용의자 피터슨을 보내지 않고 있다. 미국에서 용의자가 재심을 요구했기 때문이라는 것이 그 이유다. '론스타 사건'의 대표 스티븐 리에 대해서도 우리 사법당국이 인도요청을 했지만 9년째 보내지 않고 있다.

이와 같은 미국의 입장에 비하여 우리는 너무 쉽게 우리 국민을 미국에 인도하는 것 아닌가? 다행히 성균관대 김민호 법학과 교수 같은 경우 자국민불인도의 원칙. 즉 반인륜적인 범죄를 저지르지 않는 이상 자국민을 외국으로 인도하는 것은 가능하면 자제해야 한다는 원칙을 내세우는 등 그를 돕자는 소리가 SNS상에서 번지고 있다. 특히 그가 대전시민이라는 데 우리 마음이 무겁다.

충청투데이 (2015. 4. 1)

'진돗개' 와 충청도에 부족한 2%

이건희 삼성그룹 회장은 진돗개를 유별나게 좋아한다. 심지어 30대 젊은 시절 전문 사육사를 데리고 전라남도 진도에 내려가 투숙을 해가며 순종 30마리를 구해서 자택으로 가져온 일도 있다. 여기서 끝나지 않고 이 회장은 진돗개를 세계적인 명견(名犬) 대열에 올려놓기 위해 끈질긴 노력 끝에 2005년 영국 견종협회 컨넬클럽에 당당히 이름을 올렸다.

박근혜 대통령과 진돗개의 인연은 2013년 2월 동네분들이 선물로 준 '희망이' '새롬이'를 청와대 입주때 함께 데리고 들어가면서다. 그런데 최근 소위 '청와대 문건 유출' 파문이 일어 났을 때 박대통령은 '청와대의 실세는 없다. 청와대 실세는 진돗개가 있을 뿐이다' 고 뼈 있는 말을 했다.

명견에 밝은 전문가들에 의하면 진돗개는 싸움에 절대 포기가 없다는 것이다. 일본의 '아키다' 등 다른 명견이라고 하는 개들은 싸우다가 힘이 딸리면 꼬리를 내린다고 한다. 승복을 뜻하는 것이다.

그러나 진돗개는 상대방과 싸우다 피를 흘려도 기운을 찾게 되면 다시 도전을 한다는 것. 그래도 안 되면 또 물러났다 다시 덤비고…. 이렇게 포기를 모르는 진돗개가 우리 국민성과도 닮은 것 같다고 주장하는 사람도 있다.

요즘 인기를 모으고 있는 영화 '국제시장'에서 보듯 6·25 전쟁의 참화 속에서도 끝내 일어서서 독일 광부파견, 월남전 등을 겪으며 경제 선진국 대열에 오르고 그 포기할 줄 모르는 도전정신이 전 세계 시장을 누비고 있다는 것이다.

어떤 정치인은 7번 낙선했다가 포기하지 않고 8번째 도전하여 국회의원 뱃지를 단 사람도 있다. 그야말로 칠전팔기(七顚八起). 뿐만 아니라 조그만 재판이라도 했다하면 1·2심에 불복하고 대법원까지 끌고 가는 바람에 우리나라처럼 재판 많은 나라도 없다.

광주와 전남지방의 오랜 숙원이던 '아시아 문화전당'의 국가지원이 지난 2월 국회에서 우여곡절 끝에 통과됐다. 이로써 개관 첫해인 올해 1,340억 원을 지원하고 5년 동안 매년 800억 원의 운영비를 국가가 지급한다. 직원도 400명이나 되는 중앙박물관보다도 큰 규모로 국내 최대의 문화프로젝트다. 정부는 매년 800억 원이나 지출해야 하는데서 완강하게 반대했으나 호남출신 정치인, 문화인들의 끈질긴 노력 끝에 결국 해내고 말았다.

이제 호남은 금년 9월 아시아문화전당 개관을 비롯, KTX 개통, 광주 디자인 비엔날레 개막 등등…. 신바람 나는 대형잔치가 계속될 전망이다.

우리가 그것을 배 아파할 것은 없다. 오히려 KTX 서대전 통과 하나 해결 못하는 우리의 미적지근한 자세를 반성해야 한다. 심지어 대전시 도시철도 2호선은 물론, '과학의 메카'라고 하면서 500억 원 투자규모의 사이언스센터 조성 문제조차 해결 못하고 있는 것이 우리 현실이다.

충청지방을 방문하는 여 · 야 지도자들의 '립서비스'에 그저 착하게 웃고 있는 충청도에 2% 부족한 것. 그것이 바로 '진돗개 기질'이 아닐까?

충청투데이 (2015. 3. 18)

이응노의 'ㄴ밥풀' 조각

벌써 40여년의 세월이 흘렀다. 1968년 그 춥고 바람 차갑던 12월, 어떤 시인이 대전교도소에서 '동백림사건'으로 복역 중인 이응노 화백의 면회를 주선해 달라고 부탁하였다.

그때 나는 검찰과 법원, 교도소를 담당하는 법조출입 기자였다. 교도소장의 배려로 우리의 면회는 소장실에서 이루어졌다.

잠시 후 이응노 화백이 교도관의 호송을 받으며 소장실로 들어섰는데 가슴에 수인번호가 찍혀있는 두툼한 솜바지 저고리를 입고 있었다.

지금도 눈에 선한 것은 이응노 화백이 죄인이라고는 전혀 어울리지 않는 부드럽고 환한 미소를 띠고 있었다는 것이다. 목소리도 맑고 나지막했으며 뒤로 깨끗이 빗어넘긴 흰머리는 유럽 미술계의 거인으로 우뚝 선 그의 카리스마를 여전히 보여주고 있었다.

우리의 화제는 그의 헤어스타일부터 시작했다. 대법원의 확정 판결이 나고 대전교도소로 이감됐기 때문에 그 당시 규칙으로는 머리를 스님처럼 빡빡 깎아야 했다. 그런데 그의 머리는 그대로 있었다.

이응노 화백은 옆에 앉아 있던 교도소장에게 "내 머리(首)는 잘라도 되지만 이 머리(髮)만은 안 자르게 해 달라."고 농담 속에 진심을 비쳤다. 그러면서 그는 교도소의 특수한 환경에서 예술혼을 응집시키는 어떤 암시 같은 것을 보여 주었다.

그 후에 알게 된 것이지만 이응노 화백은 세계 미술사상 그 유례를 찾아볼 수 없는 '밥풀' 조각을 이곳 대전교도소에서 만들었다. 재소자에게 식사 때 나오는 밥을 아껴 그것을 모았다가 진흙처럼 반죽을 하고 물감이 없기 때문에 반찬으로 나오는 된장과 간장을 밥풀에 부어 색상을 나타낸 것. 그러니까 그때 죄수복을 입고도 미소를 머금고 무엇인가 암시하던 것이 이 작품이 아니었을까?

이렇게 탄생된 것이 '얼굴'이라는 이름의 32×16×125cm의 밥풀소조이다. 그 작품을 한참 응시하노라면 그 '얼굴'들과 몸짓에서 그 어떤 것에도 포기할 수 없는 영혼의 불길, 간절한 인간의 자유, 그 희망을 느끼게 된다.

물론 이것말고도 대전교도소 수감 중 300여 점의 옥중화 그림을 그렸고 이 소중한 작품들은 고암 이응노의 실험정신이 잘 나타난 것으로 찬사를 받았는데 최근 미국 시카고미술관에서 전시에 관심을 보여 다른 그의 작품과 함께 이 '밥풀'의 메시지도 미대륙에까지 전파될 희망을 갖게 됐다.

이지호 이응노 미술관장은 이 전시가 성사되면 유럽 중심으로 잘 알려진 이응노의 작품세계를 북미 대륙에까지 더욱 알려질 것이라며 기대에 부풀어 있었다. 그렇잖아도 프랑스에 있던 1,300점의 이응노 작품을 새로 기증받는 등 기대 이상의 영역을 넓혀가고 있는 이응노미술관이 대전의 문화적 자산이며 경쟁력이라는 자부심을 갖게 한다.

충청투데이 (2015. 2. 18)

변·평·섭·칼·럼·····

창 밖의 외로운 늑대

요즘 터키로 출국했다가 시리아로 잠입하여 이슬람 과격단체 IS에 가입한 것으로 알려진 김모(18)군 이야기가 충격을 주고 있다.

이 뉴스를 접하고 가장 놀란 것은 김군과 가족들 사이에 대화가 없이 쪽지로 의사 전달을 해왔다는 것이다. 역시 가정에서도 소통이 이루어지지 않았던 것. 김군에게 가정이란 무엇이었던가? 김군은 중학교만 나오고 고등학교 진학을 못한 채 여늬 또래들이 누리는 학교생활이나 교우들과의 어울림도 없었다. 바깥출입은 거의 하지 않고 집에 틀어 박혀 SNS세계에 빠져 들었다.

1년 동안 그가 517번이나 IS · 시리아 · 터키 등 이슬람 관련 검색을 했고, 특히 신문기사 등 인터넷사이트 65곳을 즐겨찾기로 올려놓을 정도.

머리카락이 어깨에까지 이르도록 장발이었고 손톱도 잘 자르지 않았다니 그 생활의 모습이 충분히 상상된다. 그런데도 그들의 가정에서는 쪽지만 있고 대화의 '소통'이 없었던 것일까?

물론 미래가 캄캄하게 만 느껴졌을 김군에게 'IS월급' '여자' 등 미끼는 새로운 꿈의 세계로 인도하는 충동을 주었을 것이다.

그런데 '많은 월급을 준다' '여자가 있다'는 게 생명을 담보로 총을 들게 하는 황당한 미끼임을 깨우쳐 줄 누군가가 있었어야 하는데 김군의 주변에는 그런 사람이 없었다.

흔히 이와 같은 김군 처지의 젊은이를 '외로운 늑대'라고 한다. 심각한 것은 이러한 '외로운 늑대'의 선택에 관심을 보이거나 은근히 동경하는 또 다른 '외로운 늑대'가 적지 않게 우리 주변을 서성이고 있다는 사실이다.

처음 사건이 발생했을 때만 해도 100명 정도였던 김군의 트위터 팔로어가 며칠도 안 돼 500명을 넘었음이 그런 우려를 갖게 한다. 그 속에는 우리나라에 7만 명이나 되는 고등학교 진학 포기자들도 있을 것이고 가족 간의 쪽지조차도 소통을 못하는 '외로운 늑대'도 있을 것이다.

이미 이와 같이 '창밖을 헤매는 늑대' 프랑스, 중국, 영국… 등에서 자발적으로 시리아에 있는 IS를 찾아가고 있다. 어쩌면 뺨을 맞고 무릎을 꿇어야 하는 소비자의 '갑질'에 밤새 잠 못 이루며 속앓이를 하는 백화점 주차요원도 그 허황된 유혹에 관심을 주고 있을지도 모른다.

그래서 IS대원이 되어 얼굴에 복면을 하고 총구를 겨누며 사막을 누빌지도 모르는 김군의 페이스북에 남긴 말이 가슴을 더욱 아프게 한다. 김군은 이런 말을 남겼다.

"나는 이 나라와 가족을 떠나고 싶다. 단지 새로운 삶을 살고 싶다."

이와 같이 '외로운 늑대'의 잘못된 울부짖음이 더 나오지 않게 우리 어른들, 우리 정치인들, 우리 선생님들…. 그들에게 꿈을 주고 고민을 하자.

충청투데이 (2015. 2. 4)

참 나쁜 DNA

대전과 세종시를 관통하는 국도 1호선, 잘 정돈된 대지 한 가운데 덩그러니 봉분만 남아있는 묘소가 하나 있다. 묘 주변을 1미터쯤 파서 대지를 조성했기 때문에 묘는 꼭 바다 가운데 떠있는 외로운 섬과 같다.

궁금한 것은 산소의 후손들이 어떻게 명절날 성묘를 할까 하는 것. 도로에서 새처럼 날아가거나 사다리를 길게 놓아야 하지 않을까 싶다.

저대로 계속 두면 폭우라도 쏟아질 때 묘소가 무너져 유골이 밖으로 나올 수도 있겠다는 우려도 있다. 분명 토지주와 묘소 옮기는 게 원만한 합의가 되지 않아서 저런 상태로 국도 1호선 옆에 몇 년째 전시돼 있을 것이다. 합의가 안 되는 책임이 누구에게 더 있는지 알 필요도 없다. 청와대까지도 '문고리'로 회자되는 소통의 문제 — 그렇게 소통이 꽉 막혀 있는 우리의 여러 현실을 이곳에서도 본다는 것. 그리고 이것을 보고도 소통을 시키려고 중재하는 제3자가 없다는 것이 안타깝다는 것이다. 또 하나는 역시 국도 1호선의 민가 지붕 위에 세워진 커다란 전광판. 사람들은 이곳을 지나가며 교통안내판이려니 하고 큰 관심을 두지 않을 수도 있다. 그러나 '악덕기업…', '싸가지 X', '거짓말쟁이' 등 특정기업을 향한 절규 같은 문자가 계속 회전하는 데는 눈을 번쩍 뜨게 한다. 무슨 사연이 있어 저렇게 강고한 전광판까지 세워 한 기업을 성토하는 것일까? 역시 불통의 절벽인가.

지난여름 독일에서 열린 전자제품 전시회에서 삼성이 출품한 냉장고를 LG전자 측에서 훼손시켰다 하여 '부끄러운 뉴스'가 되었었다. 삼성은 LG를 고소했고 LG는 그런 사실이 없는데 모함이라며 맞고소를 하기에 이르러 검찰이 수사를 진행하고 있다. 아무리 전자업계의 뜨거운 라이벌 관계라고 하지만 이렇게 국내 업체끼리 외국에서 모양 사납게 싸워야 하는가? 검찰의 수사가 만능은 아닌데 서로 소통의 손을 잡을 수는 없을까? 정치권도 마찬가지. 새해 첫 날 문희상 새정치민주연합 비상대책위원장 등 야당 지도부가 국립현충원을 참배하면서 초대 대통령 이승만, 그리고 박정희 전 대통령 묘역 참배를 외면했다. '살아있는 자'와 '죽은 자' 현재와 역사의 소통. 그리고 국민통합차원에서 여 · 야 모두 전직 대통령 묘역을 참배했더라면 얼마나 좋았을까 하는 아쉬움을 주었다. 이제 우리도 역사와 화해하고 손을 잡을 수 있는 성숙한 수준에 이르지 않았는가. 국민을 갈등 속으로 몰아넣는 죽음의 문화, '네가 죽어야 내가 산다.'는 그 나쁜 DNA의 사슬을 끊고 모두를 행복하게 하는 DNA를 만들자.

충청투데이 (2015.1. 21)

해군소위가 된 재벌 딸

지난해 11월 26일에 있은 해군 해병대 사관후보생 117기 임관식에서 SK그룹 최태원 회장의 둘째딸 민정씨가 해군소위로 임관됐다.

최 소위는 재벌가의 자식으로서 그리고 전직 대통령의 외손녀로서 어떤 특별한 배려도 없이 일반 생도들과 똑같이 훈련에 임했고 이제 일정기간 준비단계를 거쳐 올 봄 함정에 배치될 것이라고 한다.

해사에 입교하기 전 그는 흔히 부유층 자녀들이 다니는 특목고를 거부했고 중국에서 학교를 다닐 때는 중국인들 사이에 혐한(嫌韓) 분위기가 일어나자 '손에 손잡고'라는 동아리를 만들어 활동했다.

재벌가의 자녀들이 병역을 기피하는 경향과는 달리 더욱 여성으로서 힘든 과정을 거쳐 해군장교가 되었다는데서 호의적인 반응이 컸던 것 같다.

현대그룹을 일으킨 정주영 회장의 손자 중에도 눈에 띄는 행보를 보이는 젊은 경영인이 있어 언론에 보도된 바 있다. 정주영 회장의 7남 정몽윤 현대해상화재보험 회장의 장남 정경선씨.

올해로 30세가 되는 그는 2012년 '루트임팩트'라는 비영리 사회적 기업을 만들어 열심히 뛰고 있다는 것인데 그가 "재벌가 자제들이 그들만의 세상을 추구하는 경우가 많지만 먼저 한국사회의 일원이 되어야 한다."고 말했다는 것은 가슴에 와 닿는다.

이처럼 재벌가의 후계자로 무임승차를 거부하고 일정기간 '한국사회의 일원'으로서 뼈를 깎는 노력을 하는 경우를 드물게나마 볼 수 있어 다행이다.

두산가의 4세인 박서원 오리콤 부사장도 광고업과 별도로 콘돔 제조업에 뛰어들어 직접 길거리에서 콘돔을 나눠주며 홍보를 하고 있다. '미혼모 문제를 그대로 방치할 수 없기에 청소년들이 콘돔을 구입하는 것을 부끄럽지 않게 하자.'는 것이 그의 주장.

우리 지방에도 지난달 계룡건설 사장에 오른 이승찬씨의 경우 이인구 회장이 아버지임에도 학교 졸업 후 계룡건설에 들어가지 않고 서울의 모 건설회사에 취업, 일선 현장 인부들과 생활하며 고된 과정을 거쳤다.

이처럼 '한국사회의 일원'이 되려는 진정성 있는 과정을 거치지 않고 무임승차로 재벌가의 경영인이 된 경우 대한항공의 '땅콩회황'에서 보듯 '난폭운전' 같은 처세로 사회에 물의를 일으키기 마련이다.

정말 대한항공의 '땅콩회황' 사건은 구멍가게에서조차 있을 수 없는 최소한의 기업윤리도 보여주지 못했다.

심지어 조현하 부사장이 검찰에 출두하던 날 '복수하겠다'며 섬찍스런 글을 올린 그의 동생 조현민 대한항공 전무 역시 국민의 분노를 자아내기에 충분한 재벌가 3—4세들의 어처구니없는 민낯이었다.

대한항공 사건은 비록 국제적 웃음거리를 제공했지만 재벌가의 2세, 3세 경영인들이 '한국사회의 일원'으로서 진정성 있는 자세가 먼저 갖추어져야 함을 엄숙히 보여준 교훈이다.

그래서 SK그룹 최 회장의 딸이 해군소위가 된 것은 좋은 평가를 받는 것이다. 그렇게 해야 우리사회가 건강해지고 자본주의는 진화한다.

충청투데이 (2015.1. 7)

제4장

나는 그래서 日本이 싫다

趙光祖의 부러진 화살

바람은 차지만 햇빛이 따사로운 지난 늦가을, 처음으로 전라남도 담양 나들이를 했다. 담양하면 대나무로만 유명한 줄 알았는데 '소쇄원'(瀟灑園)이라는 조선시대의 대표적 정원을 둘러보고는 보석을 찾은 기분이었다.

원래 조선시대의 3대 정원으로 꼽히는 명승지임에도 남쪽 깊숙한 곳에 자리 잡고 있어 잘 보존됐는지도 모른다.

'소쇄원'은 양산보(梁山甫, 1503—1557)라는 조선 중종 임금시대의 선비가 자연풍치를 최대한 살려서 조성한 이름 그대로 '맑고 깨끗한 정원'이다. 그는 스승 조광조(趙光祖)가 기묘사화때 죽음을 당하자 벼슬에 나가는 것을 포기하고 이곳에 은거, 학문을 닦고 자연을 벗하며 살다 갔다.

조광조는 누구인가? 정도전, 정약용과 더불어 3대 개혁가로 꼽히는 인물. 나는 가끔 조광조의 개혁정치가 성공했더라면 오늘날 우리나라의 운명이 달라졌을 것이라는 생각을 한다.

조광조는 중종반정에 공을 세운 소위 '훈구파'의 기득권 세력에 활을 쏘다 희생된 정치가다. 그때 훈구파로 불리는 공신이 105명이나 되었는데 중종은 정치적 기반이 약하자 이들 공신들을 많이 양산하여 후원자로 삼았던 것.

그로 하여 국고가 심각하게 낭비되고 그들의 적폐 또한 기승을 부리자 조광조는 76명을 정리해 버렸다. 그것은 화약을 짊어지고 불로 뛰어드는 거나 마찬가지여서 심각한 반발에 부딪히고 말았다. 그러나 조광조는 굽히지 않고 집권세력의 갖가지 폐습정치를 새롭게 바꿀 민본정치를 실현하려고 개혁의 화살을 날렸다.

중종 임금도 처음에는 조광조의 '새로운 피를 수혈하려는 유신정치'를 지지했으나 훈구파들의 반발이 자신의 지위를 위태롭게 할 것을 우려하여 결국 그를 귀양 보내고 사약을 내리고 만다.

율곡 선생이 지적했듯이 '학문이 익지 않은 상태'에서의 그의 급진적 개혁이 좌절되고 말았지만 그래서 더욱 조광조에 대한 아쉬움이 남는다.

요즘 우리 역시 정치개혁을 넘어 정치혁신 또는 국회개혁의 소리는 높지만 그에 반발하는 만만찮은 벽에 부딪히고 있다.

심지어 국회의원의 특권 내려놓기, 출판기념회 금지, 무노동 무임금, 불체포 특권 같은 것에 기득권의 반발이 심한 것 같다. 이것을 주도한 사람들에게 비난을 넘어 인신공격에까지 이르고 있다니 조선정치의 적폐를 개혁하려다 사약을 받은 조광조시대가 생각난다.

정말 정치권이 이런 것을 개혁하지 않고는 공무원연금개혁이나 방위산업 비리 척결, 공공기관 혁신 같은 개혁의 요구는 도덕적으로 설득력이 없다.

국회가 갖고 있는 특권, 그 병적인 기득권을 포기하는 아픔을 국민 앞에 보여줘야 그다음 단계의 개혁을 이루어 갈 수 있다.

요즘 대기업들이 변하지 않으면 죽는다는 각오로 위기극복에 전력투구 하는데 대한민국도 그래야 산다. 이젠 '조광조의 화살'이 부러지지 않아야 한다.

충청투데이 (2014. 12. 10)

세월호 선장과 地方議員

"Be British!" (영국인답게 행동하라!) 이것은 영국의 리치필드에 있는 타이타닉호의 선장 에드워드 스미스의 동상에 새겨져 있는 말이다. 스미스 선장은 1912년 4월 15일 호화여객선 타이타닉호가 빙산에 부딪혀 침몰할 때 선원들에게 승객의 구조를 독려하며 이렇게 "Be British!"를 외쳤다.

그리고 그는 끝까지 배를 떠나지 않고 바다에서 죽었다. 1517명의 목숨을 앗아간 끔찍한 비극이었다. 생존자는 705명. 선장은 생존의 기회가 있었으나 이를 거부하고 책임과 의무에 충실했던 것. 선장의 말에 따라 악사들도 탈출을 포기하고 마지막까지 승객들을 위한 연주를 했다. 지금도 영화에 나오는 '타이타닉'호의 선장, 선원, 그리고 배가 기울어 침몰하는 순간까지 열심히 악기를 연주하던 악사들 모습은 감동으로 남아있다. 그런데 '타이타닉'호의 선장과 선원들이 보여줬던 위대한 감동과는 달리 지난 4월 16일 발생한 세월호 참사는 우리 모든 국민을 경악과 분노를 치솟게 했다.

승객과 배를 버리고 먼저 탈출한 이준석 선장과 선원들의 어처구니 없는 모습이었다. 더욱 탈출한 선장이 물에 젖은 5만원권을 말리면서 태연히 식사를 하는 모습에서 같은 인간임이 부끄러웠다. 시급을 다투는 대혼란과 아우성 속에 승객의 구조를 팽개치고 돈을 세다니….

그런데 지난 9월 19일 대전 서구의원들이 9월분 의정활동비로 1인당 337만여 원을 받았다는 보도를 보고 승객을 버린 채 돈을 챙기는 선장의 모습이 떠올랐다. 승객을 버린 선장, 주민의 열망을 버리고 의정비만 타는 지방의원.

의정비에는 의정자료수집 연구비 90만원, 월정수당 227만여 원 등이 포함되어 있는데 3개월 동안 파행을 거듭, 아무것도 한 일없이 싸움만 벌인 의원들에게 국민 세금이 보수로 지출된다는 것은 참을 수 없는 분노를 느끼게 한다. 이렇게 하여 서구의원들이 3개월 동안 챙긴 국민혈세는 2억 253만원.

세월호 참사를 겪고 한동안 모든 분야에서 자성(自省)의 소리가 높았고 그것은 '국가 대개조'로 총의가 모아지는 것 같았다. 그래서 실시한 한 여론조사에서는 100명의 엄마들 중 91%가 '지금 같은 공무원들로는 개조가 불가능하다.'며 공무원 개혁을 강하게 주장한 것으로 보도되었다.

세월호 참사가 발생한 직후 한 언론은 1998년 외환위기 때 미국의 MIT공대의 저명한 경제학자 루디거 돈부시 교수의 말을 상기시키기까지 했다. 그는 '한국의 경제개혁을 제대로 하려면 관료들을 모두 국외로 추방해야 한다.'고 극단적 표현을 했던 것.

그런데 만약 세월호 참사 후 지리멸렬한 우리의 의회주의 모습을 일찍 접할 수 있었다면 공무원 개혁보다 '의회 개혁'을 더 강하게 요구했을 것이다. 정말 요즘 지방의회의 일그러진 모습을 너무 자주 접한다.

경상남도 창원시의회는 최근 의회 개회 중에 한 시의원이 안상수 시장에게 야구공 던지듯 계란을 던져 회의장을 난장판으로 만들었다. 폭력을 행사한 시의원은 지역 내 야구장 건설을 타지로 이전하려는 것에 불만을 품고 이런 만용을 부렸다고 한다.

얼핏 이 뉴스를 보면서 2011년 11월 당시 민주노동당 김선동 의원(전남 고흥)이 한·미 FTA에 반대해 국회 본회의장에서 최루탄을 터트린 장면이 연상되었다. 문제는 이들 꼴불견 싸움이 대부분 지역발전이나 주민의 이익증진이 아니라 감투싸움이라는데 혀를 차게 된다.

민선 5기 때 유성구의회가 3개월이 넘도록 원구성도 못한 채 싸움판만 벌이고 외유성 해외연수로 여론의 뭇매를 맞은 것도 그런 것이다. 오죽하면 '유성구의원 사퇴하라!'는 시민단체의 시위가 있었을까.

그런데 이번 서구의회의 경우는 의원들의 '의정활동비 반납하라'는 시민단체의 플랜카드도 등장했다. 정말 어떻게 하면 좋을까? 혈세만 축내는 그런 지방의회는 없는 게 좋지 않을까? 자꾸만 세월호 선장의 뻔뻔스럽던 얼굴이 떠오른다.

충청투데이 (2014. 10. 3)

충청도 大統領을 기다리며

'사람이 죽었다'는 말을 두 자로 줄여서 말하게 하는 시합을 하면 충청도 사람이 이긴다.

"갔슈."

또 '춤 한번 추실래요?'를 두자로 줄이는 것도 충청도 사람은 단번에 이긴다.

"출겨?"

이런 충청도만의 특별한 사투리가 사람들을 잘 웃겨 유난히 충청도 출신 코미디언들이 많다.

요즘 KBS 인기프로 '개그콘서트'에서 활약 중인 이상민, 이상호 쌍둥이가 대전출신인 것을 비롯 최양락, 이경래, 이영자, 임하룡, 뽀빠이 이상용, 서경석, 남희석, 배우이지만 코미디언역을 잘하는 최주봉, 전영미… 등등 끝이 없다.

한 통계에 의하며 코미디언의 40% 상당이 충청도 출신이라니 놀라운 일이다.

왜 그럴까?

표정도 별로 없이 느리면서도 짧은 사투리가 보는 사람들에게 거부감이 없기 때문이라는 게 대체적 의견이다.

요즘 들어 충청도 사투리에 대한 연구를 비롯 충청도를 이야기하는 글들이 심심찮게 발표된다.

특히 이와 같은 현상은 지난 해 7월말 충청권 인구가 처음으로 호남권을 앞지르면서 가열되기 시작했다.

그 당시 충청권 인구가 호남권보다 6,656명이 더 많은 역전현상을 보였는데 그 후 계속 격차가 벌어졌다.

이제는 영 · 호남이 아니라 영 · 충 · 호남 시대가 된 것이다.

특히 충청인의 기질을 나타내는 사투리가 집중적으로 부각되고 있는데 대표적인 것이 "됐시유"다. 긍정적으로 의사표현을 하는 것 같기도 하지만 자칫 그렇게 받아들였다간 망신을 당하기 쉽다. 그래서 진짜 긍정적인 "됐시유"인지 부정적인 "됐시유"인지 구분하려면 말하는 사람의 눈을 봐야 한다. 시선을 다른 곳으로 피하면서 '됐시유'하는 것은 '아니다'는 것이고 눈을 마주보고 하면 '좋다'는 공감의 표현이다.

이런 애매모호한 사투리의 표현이 최근의 선거에서도 나타났다.

6 · 4지방선거에서는 야당이 시 · 도지사를 석권해 버렸다.

특히 새누리당에다 기존의 텃밭 정당인 선진당이 합당을 했으니 충청도는 산술적으로 "됐시유"다. 그러나 결과는 정반대.

그런데 이번 7 · 30국회의원 보궐선거에서는 여당에 "됐시유"하고 눈을 맞췄다.

더 거슬러 올라가면 1995년 JP의 자민련이 충청도 '핫바지 바람'을 타고 지방선거, 총선거 모두 석권했다.

막대기만 꽂아도 자민련 공천만 받으면 당선된다고 할 정도로 '핫바지'로 상처 입은 충청인의 자존심이 용틀임을 한 것.

그렇게 "됐시유" 애정을 보냈던 자민련이지만 그 다음 2000년 총선에서는 JP의 자민련이 교섭단체도 구성하지 못할 만큼 몰락하고 말았다. 오죽하면 DJ의 민주당에서 국회의원을 꿔다가 교섭단체를 만드는 기막힌 일이 벌어졌을까? 그리고 2004년 총선에서 JP는 그렇게 소원했던 10선 달성도 실패로 끝나고 말았다.

내각제를 고리로 하여 DJ와 JP 사이에 벌어진 정치형태가 충청인의 자존심을 상하게 한 것이다.

말은 "됐시유"했지만 시선은 돌려 버린 것이다.

이처럼 충청도 사람들은 자존심에 상처를 입으면 무섭게 폭발한다.

일제 식민지하에서 충청도에 의병이 제일 많이 일어나고 애국열사가 많았던 것도 그 때문이다.

그런데 이제 영 · 충 · 호남 시대를 맞아 충청도 자존심이 꿈틀거리고 있다. 그 동안 한국 정치 세력의 '변수' 역할만 하던 충청도가 이제는 '상수' 역할을 해야겠다는 것이다.

사실 영 · 호남의 세 대결에서 '캐스팅보트'라는 미명으로 어느 한쪽을 올려놓기도 하고 내려놓기도 하는 역할로 만족한 충청도였다.

그러나 이제 인구면에서도 호남을 앞지르는 만큼 정치의 무대에서 주연이 되어야 한다는 것이다.

'캐스팅보트' 역할…. 이 말은 지금부터는 충청도의 자존심을 상하게 하는 것이다. 그것은 이제 충청도에서 대통령이 나올 때가 됐다는 표현이기도 하다.

그 동안 충청도에서 대권 잠룡(潛龍)이라고 불리는 인물들이 수면으로 부상할 때가 된 것이다.

잠룡은 새누리당에도 있고 새정치민주연합에도 있다. 충남에도 있고 대전에도 있으며 충북에도 있다.

대통령은 하늘이 낸다고 하지만 또한 대통령은 만들어지는 것이기도 하다.

충청투데이 (2014. 9. 12)

國會가 와야
세종시가 산다

정홍원 국무총리는 2013년 3월 세종시에 주민등록 전입신고를 했다. 그러니까 그는 세종시민이다.

정부는 세종시에 근무하는 총리를 위해 340억 원을 들여 공관을 마련했다. 그런데 막상 총리가 공관에 머문 기간은 1주에 1번꼴에 불과하다. 1주에 1번 숙박을 위해 340억 원을 투자했다면 누구나 '낭비'와 '비효율'을 지적할 것이다.

세종시에 사는 사람은 가끔 세종시 정부청사와 오송역 BRT도로에 경찰들의 움직임이 눈에 띄게 분주한 것을 보게 된다. 총리가 서울에서 오는 날이다. 총리의 주거지가 세종시에 있는데 왜 총리가 서울에서 올까?

총리만 그런 게 아니다. 세종시에는 7개 부처 장관의 관사가 있다. 이들 관사는 거의 전세로 평균 2억원, 물론 국민 혈세로 지불됐다. 그러나 이들 장관이 관사에 머무는 기간은 총리와 비슷하거나 어떤 장관은 총리보다 더 심하다.

왜 그럴까? 역시 서울에 상주하는 경우가 많기 때문이다. 서울에 머무는 것은 주로 국회 업무를 뜻한다. 국무총리가 움직이면 장관이 움직이고 장관이 움직이면 그 수하의 국 · 과장 등 많은 공무원이 뒤따른다.

국회와 세종시와의 거리는 130km가 넘는다. 이 짧지 않은 거리를 공무원들은 시도 때도 없이 오가며 귀한 시간과 예산을 허비하고 있다. 국회 상임위라도 열리는 날에는 관련 공무원들이 국회 복도는 물론 식당이나 심지어 층계에 걸터앉아 무한정 시간을 기다리는 모습을 자주 본다.

기다림에 지쳐 아무 곳에나 졸고 있는 모습은 안타깝기만 하다. 뿐만 아니라 이렇게 간부가 서울에 와 있으면 세종시에 있는 부처의 긴급하고 중요한 서류는 담당 공무원이 서울로 올라와 결재를 받고 다시 내려오는 어처구니없는 현상도 있다.

지난 7월 12일자 모 부처의 사무관, 서기관 등 20여명이 C모 국회의원에게 업무보고를 하러 몰려가는 바람에 부처업무에 차질을 빚었다는 기사가 보도된 바 있다. 국회의원이 정부기관에 업무보고를 요구하는 것은 정당한 권한이지만 꼭 그렇게 많은 공무원이 동원돼야 하는지?

이래서는 세종시가 행정중심도시로서의 역할을 못하고 국가경쟁력은커녕 비효율 · 고비용으로 유배지 같은 외로운 섬이 되고 말 것이다. 뿐만 아니라 연간 1백억 원 이상의 국민혈세가 서울—세종시 간 공무원 통근버스 비용으로 지출되는 것도 비효율 · 고비용의 대표적 케이스다.

그래서 세종시의 제 기능을 어떻게 살리느냐는 고민이 여러 분야에서 제기되고 있다.

그 첫째가 국회의 운영방식이다. 임시국회를 일년에 한두 번 세종시에서 개최한다든가 상임위는 세종시에서 개최하는 방식도 대안의 하나로 이야기하는 사람도 있다. 세종—국회 간 화상회의를 하자는 주장도 있다. 이것들은 비현실적이고 근본적인 해결책이 아니다.

핵심은 국회를 세종시로 옮겨야 하는 것이다. 그래야 대한민국의 국정이 탄력을 받는다. 최근 정홍원 총리도 국회의장을 만나 국회의 세종시 이전을 건의했다는 보도가 있었는데, 사실 국회의 세종시 이전은 그렇게 힘든 일도 아니다. 개헌을 하지 않고도 특별법으로 가능하다는 게 헌법학자들의 주장이다.

앞으로 2년 후에 있을 총선거에서 여 · 야가 함께 공약으로 제시하여 국민적 합의를 이끌어 내면 더욱 좋은 모양이 될 수 있을 것이다.

세종시는 공무원 뿐 아니라 모든 국민과 연결되어 있기 때문에 지금 이대로 방치하면 할수록 비효율과 고비용으로 국가적 피해가 기하급수적으로 늘어날 것이고 그것은 '역사의 후퇴'다.

충청투데이 (2014. 8. 20)

'별에서 온 그대' 와 운석소동

최근 우리 드라마 '별에서 온 그대'가 새로운 한류를 일으키고 있다.

특히 중국에서는 13억 인구가 주인공 김수현, 전지현에게 발칵 뒤집혀 홍분의 도가니에 빠져있다. 우리 드라마주인공 김수현이 중국에 갔는데 어찌나 많은 사람들이 몰려들던지 보디가드만 600명이 동원되었고 드라마 시비로 살인사건까지 벌어졌다고 한다.

이 때문에 한국을 찾는 중국관광객이 43%나 증가했다는 보도도 있다. 어쨌든 '별에서 온 그대가'가 중국 안방을 점령했다니 대단한 '韓流'다. 하필 이런 판에 우연의 일치로 우리나라는 우주에서 쏟아진 운석으로 야단들이다.

운석이야말로 '별에서 온 그대'인 것이다. 그리고 마침내 경남 진주에서 뜨거운 운석바람을 일으키더니, 전북 고창에서도 운석으로 추정되는 암석이 무더기로 발견돼 관련 기관에서 사실 확인에 나섰다고 한다. 이렇게 되자 또 다른 운석을 찾기 위해 해외에서 까지 운석 사냥꾼들이 몰려들고 있다는 뉴스다.

진주운석은 '오디너리 콘드라이트' 종류로 지구상에서 발견된 운석 중 가장 흔한 종류로 알려져 있다고 한다. '로또복권이 하늘에서 떨어졌다'고 좋아하던 사람들에게는 다소 실망이 된 것 같다. 하지만 운석 하나에 2,000만원~5,000만원이 어디 적은 돈인가.

그런데 나는 이번 운석 소동에 돈의 가치보다 그 성분이 우리 인체의 본질과 같다는 사실에 놀라고 있다. 결국 이 같은 사실은 별과 인간이 다른 것이 아니라 하나라는 이야기다.

이에 대해 국립고흥 우주센터 홍승수 원장은 지난해 언론과의 인터뷰에서 "내 몸을 구성하는 물질, 그걸 원자적 수준으로 내려가서 분석해 봤다. 그랬더니 수소와 헬륨만 빼고 모두 다른 별의 내부에서 만들어졌더라. 저 나무도, 저 바위도 마찬가지다." 별은 수명이 다하면 폭발한다. 수없이 많은 별이 폭발하며 퍼뜨린 원소 알맹이들이 뭉쳐서 지구를 만든 거다.

내 몸의 구성 성분과 저쪽별의 구성성분이 똑같은 거다. 그건 충격이였다. 원자적 수준에서 봤더니 물질 성분도 똑같다는 거다. 우주가 시작될 때는 탄소가 없었다. 별이 폭발과 탄생을 거듭하는 핵융합 반응을 통해 무거운 원소를 만들었다. 그래서 탄소도, 질소도, 산소도, 철도 생겨났다. 지구생명의 핵심은 '탄소 화학'이다.

나는 어디서 왔나. 지구에서 왔다. 지구는 어디서 왔나. 고체 알갱이에서 왔다. 그럼 그 알갱이는 어디서 왔나. 죄다 별에 있어야 할 놈

들이다. 그러니 나는 철저하게 수없이 많은 별의 내부에서 만들어진 존재더라. 거기에 무려 138억 년이 걸렸다.

홍박사의 주장대로라면 우리 모두는 '별에서 온 그대'라는 이야기다. 그렇다면 우리가 죽어서도 가야할 곳이 별– 그 별이 우리의 고향이 아닌가? 바로 하느님의 나라, 곧 천국이 아닐까? 문득 모천회귀어가 생각난다.

뱀장어 · 연어 · 송어 따위가 그런 것이다. 자기가 태어난 강을 찾아 바다에서 험난한 순례를 하고 마침내 그 강에 도달하면 산란을 한 후 죽어버리는 것이다. 태어난 냇물을 찾아 돌아가는 물고기라는 뜻의 '母川回歸魚' – 정말 특이한 존재다. 더욱 놀라운 것은 인간처럼 기록된 자신의 주민등록번호도 없고 항로가 표시된 해도(海圖)도 없지만 찾아간다는 것이다. 도중에 큰 고기들의 먹이가 되어 죽고 때로는 지쳐서 죽어버리지만 그 무리들은 포기하지 않고 목적지를 향해 계속 전진을 한다. 수없이 죄를 짓고 수없이 회개를 하며 깨끗한 영혼을 지키려는 노력도 하느님나라로 향하는 모천회귀어의 항해가 아닐까? 결국 138억년의 영겁을 거쳐 우리는 별들에게서 탄생했고 수명이 다하면 우주, 그 별들의 나라로 돌아가는 '모천회귀어' 처럼….

올해는 부활대축일을 앞두고 벌어진 '운석'사건으로 우리가 함께 누릴 '부활'의 의미를 다른 각도에서 생각해 본다. 그래서 지난 3월 28일 평사제 앞에 무릎을 꿇고 고해성사를 하는 프란시스코 교황님의 모습이 너무 신선해 보였다.

충청투데이 (2014. 4. 14)

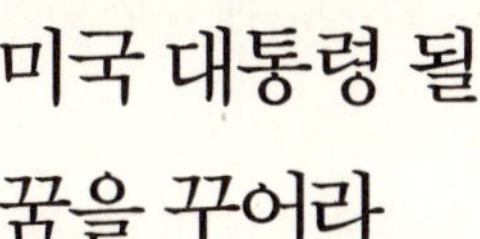

미국 대통령 될 꿈을 꾸어라

몇 해 전 필라델피아 한인회는 교포들이 많이 살고 있는 올니 지역의 도로 표지판을 한글로 표기하는 운동을 벌인 끝에 필라델피아 시장으로부터 허가를 얻어내 20여 곳에 한글 도로 표지판을 세웠다.

마침 8.15 광복절도 며칠 안 남은 때라 한인회는 한글 표지판 설치와 함께 푸짐한 자축연을 벌일 참이었다.

그런데 그때 사건이 발생했다.

필라델피아 백인 청년들이 한국 교포가 사는 지역을 몰려다니며 한글 표지판을 때려 부수거나 페인트로 글씨를 지워버리는 행패를 부린 것이다.

이들 백인 청년들을 자극시키는 데는 이곳 지방신문의 한국인들이 코리아타운을 세우려고 한다는 보도가 큰 요인이 되긴 했지만 더 근본적인 것은 미국인들 눈에는 점차 그들 나라에 파고들어 활개를 치려는 한국인들이 보기 싫었던 때문이다.

그들은 영어를 모르는 교포 노인들을 위해 한글 표지판을 세우는 것이라는 한인회의 설명에 영어를 모른다면 미국을 떠나라고 대들 만큼 한국인들을 경멸했다. 결국 한글 표지판은 없어져 버렸고 계획된 자축연도 취소되었다.

이 사건이 뉴욕 타임즈에 보도되기에 이르자 미국 내 한국 교포들은 누구나 충격을 금할 수 없었고 미국에서의 한국인 지위에 대한 한계를 뼈아프게 느꼈다.

그 후에도 필라델피아에서뿐 아니라 미국 곳곳에서 우리 교포들이 겪어야할 인종적 차별대우는 꼬리를 물었다.

워싱턴 시내에서도 우리 교포상점 10여 곳이 밤중에 불타는 사건이 발생했었다. 또 권총 강도를 당해 이민 보따리를 끄르기도 전에 목숨을 잃는 사건도 많았다.

짧은 기간에 80만 명으로 급격히 불어난 코리안들이 성공적인 진출을 함으로써 불가피하게 받아야할 질시의 대가라면 너무 지나친 것이었다. 그때 나는 바로 이런 이유로 더 많은 이민을 미국에 보내야 한다고 생각했었다.

숫자가 많으면 이야기가 달라진다. 그 처참했던 흑인들에 대한 백인들의 차별대우가 수그러지기 시작한 것은 미국인들의 자비심 때문이 아니라 흑인들의 숫자가 워낙 늘어나고 있기 때문이다.

흑인들 때문에 미국의 지능수준이 형편없다는 말을 했다가 혼쭐이 난 나까소네 전 일본총리가 그의 발언을 취소한 것도 숫자가 많은 흑인들의 극성 때문이었다. 그러니 우선 숫자가 많고 볼 일이다.

중국인의 소위 차이나타운만 해도 그렇다. 처음 중국인들 역시 철도를 놓는 인부로 미국에 발을 들여놓은 이래 갖은 설움을 다 당했으나 워낙 그 숫자가 많아 타운을 형성하자 도로표지판을 한자로 표기하고 공중 화장실 표시도 그렇게 하지만 시비가 없다.

같은 동양인이지만 일본계는 주지사 자리도 차지했고 하원에도 진출했다. 그러나 우리는 하원도 주지사도 한국계를 배출시키지 못했다. 또 더 많은 이민을 보내야할 이유의 하나는 민족의 활로를 개척하기 위해서다.

중국이 우리보다도 불리한 여건이지만 더 많은 수출을 하고 경제적 발전을 탄탄히 해나가는 데는 무엇보다 해외에 펴져있는 수많은 중국인, 즉 화교들의 힘이 뒤에 버티고 있기 때문이다. 이들 화교들은 정치적 이념을 초월하여 기왕이면 같은 중국인이 만든 상품을 팔아주는 것이다. 미국에서든 프랑스에서든 특히 상권을 잡고 있는 동남아에서는 절대적이다.

세계 도처에 널려있어 곳곳에 차이나타운을 형성하고 있는 그들 모두가 그렇다. 피는 물보다 진한 것이다.

우리도 마찬가지다. 우리의 대미수출, 특히 자동차 수출이 활기를 띠고 있는 데는 우리 교포들의 구매가 큰 몫을 하고 있다고 한다. 정말 5천만 식구가 좁은 땅덩이 속에서 먹고 살기에 벅찬 오늘의 우리 상황에서 할 수 있으면 더 많이 해외로 뻗어나가 민족의 활로를 열어야 한다.

미국, 일본, 중국 등 세계 곳곳의 500만 동포, 이들이 봇짐을 등에 지고 낯선 땅에 발을 들여 놓았을 때 얼마나 초라하고 많은 수모를 당했는가. 그러나 지금은 조국을 영원한 구심점으로 하여 얼마나 큰 기여를 하고 있는가.

그래서 우리는 해외 이민정책에 인색치 말고 과감히 추진해야 한다는 생각을 하는 것이다.

얼마 전까지도 베스트셀러 1위를 기록했던 실명 소설 '丹'이 그렇게 많이 팔릴 수 있었던 것도 우리의 팽창하는 인구가 해외로 뻗어가는 힘이 되고 그리하여 아시아를 지배하게 된다는 좀 황당한 이야기라고 비난하는 사람도 있지만 그 신바람 나는 미래의 꿈 때문이다.

그래서 언젠가 미국 대통령에 한국 성씨를 가진 우리 교포가 당선될 날도 있을 것이라는 희망도 가질 만하다. 그렇게 되면 미국과의 무역마찰이니 무슨 압력이니 하는 거북스런 소리도 듣지 않게 될 것이다. 꿈이라도 그렇게 갖자. 아니, 우리 젊은이들의 넘치는 잠재력을 보면 불가능한 것도 아니다.

우리의 뿌리들이여!

미국 대통령이 될 꿈을 꾸어라.

공주대학교 칼럼 (2013. 11. 19)

백제인의 '내 여자 내 남자'

옛 사람들의 부부사랑은 멋없고 무뚝뚝한 것처럼 생각하는 사람들이 많다. 그러나 어떤 면에서는 요즘 현대인들보다 더 로맨틱했던 것 같다.

우리 백제인들의 남녀 사랑은 뜨겁고 짜릿하다. 옛날 고분에서 흔히 발굴되는 반쪽 난 구리거울이 '죽어서도 변치말자'는 사랑의 맹세였음을 생각하면 그 순박함이 어떠했을까?

그런데 최근에는 무덤에서 관옥(管玉)이 출토되어 감동을 주고 있다. '왜 부러뜨린 관옥이 죽은 사람의 무덤에 묻혀 있을까?'

공주시 수촌리에 있는 백제시대의 4호, 5호 고분에서 손가락 크기의 유리로 된 관옥이 죽은 이의 머리맡에서 딱 한 점씩 나왔기 때문이다. 이를 발굴하던 충남역사문화연구원 팀들은 처음에 매우 의아하게 생각했다. 그러나 곧 그 의문은 풀렸다.

두 무덤에서 나온 관옥은 각기 독립된 장신구가 아닌 하나를 둘로

부러뜨린 것임이 확인됐고 그 무덤의 주인공이 부부로 밝혀졌기 때문이다. 설명이 필요 없는 로맨스 스토리다. 먼저 세상을 떠난 남자의 무덤에 관옥을 부러뜨려 그 한쪽을 묻고 나머지 한쪽은 여자가 가슴에 지니고 살다 세상을 떠나자 함께 묻은 것이다.

그들은 살아서 그렇게 맹세했을 것이다.

"우리 죽어서 만나게 되면 '내 남자', '내 여자'임을 이 관옥을 맞춰 확인하자. 그리고 저 세상에서도 사랑하며 살자."

이런 지순한 사랑의 증표가 1500년 세월 땅속에 묻혀 있다가 세상에 모습을 드러낸 것을 생각하면 발굴이 오히려 그들의 사랑을 방해한 것은 아닐까 하는 죄스러운 마음도 든다.

경주 불국사의 무영탑(석가탑) 전설은 또 얼마나 애절한가. 백제사람 아사달은 당시 최고의 탑 쌓는 기술자로 신라에까지 와서 다보탑을 완공한다. 그리고 이어 석가탑을 쌓는 일에 착수하는데 백제에 있던 부인 아사녀가 남편이 그리워 서라벌(경주)까지 온다.

탑 쌓는 공사장 밖 연못에서 애타게 남편을 기다리던 아사녀는 어느 날 밤 연못에 비치는 남편의 환상에 그만 물에 빠져 죽고 만다. 탑 공사를 끝내고 밖으로 나온 아사달도 사랑하는 아내 아사녀를 부르며 빠져 죽는데 그때 석가탑은 그림자가 비치지 않았다 하여 무영탑(無影塔)이라 한다는 것.

백제의 노래로서 유일하게 면면히 이어져왔고 1493년 편찬된 '악학궤범'에까지 오른 정읍사(井邑詞)는 또 얼마나 간절한가.

"달하 노피곰 도다샤(달아 높이 떠라)

머리곰 비취오시라(멀리 비춰다오) …" (후략)

이 노래는 백제의 여인이 멀리 행상을 나간 남편을 기다리며 달님에게 그의 무사귀가를 간절하게 비는 내용이다. 잠을 못 이루고 달님을 향해 그 순박한 심정을 읊은 백제의 여인…. 정말 한 편의 서정시다.

백제의 제 30대 무왕(武王)과 신라 진평왕 때의 선화공주 사이의 사랑 이야기를 다룬 서동요(薯童謠) 역시 그런 감동을 주고 있다. 백제의 무왕이 신라와의 분쟁을 막기 위한 정략결혼으로 선화공주를 사랑하고 결혼을 한 것이라는 일부의 해석도 있지만 그 사건의 전개가 정략적이라기엔 너무도 순수한 면이 있다.

요즘 가을이 되면서 결혼 청첩장이 수북하게 쌓인다. 그런데 이들 신혼부부 10쌍 중 3쌍은 5년 안에 이혼을 한다는 통계를 보면 백제, 우리 조상들의 뜨겁던 부부사랑이 생각난다.

또 최근 남편이 아닌 다른 남자와 외도를 하여 간통죄로 기소된 모 연예인이 헌법재판소에 위헌심판을 청구했는데 곧 판결이 임박했다 하여 결과에 대한 관심을 모으고 있다. 성(性)의 선택을 법이 제한하는 것은 인간의 기본권을 침해하는 것으로 위헌이라는 것이다.

과연 그럴까? 설혹 많은 사람들이 그렇게 생각해도 충청도 사람들은 그렇게 생각하지 않을 것이다. 그리고 간통죄가 없어져도 충청도 사람들은 '내 남자', '내 여자'의 순결을 지킬 것이다. 조상 백제인들이 그랬으니까.

공주대학교 칼럼 (2013. 11. 4)

나는 그래서 日本이 싫다

일본 사람들이 '한국사람 물러가라'는 소위 혐한(嫌韓)시위를 하는 뉴스를 들을 때마다 속이 상한다. 특히 도쿄의 한인 상가가 밀집해 있는 신오쿠보(新大久保)에서 벌이는 시위는 매우 격렬하고 내용도 역겨운 것들이다.

'김치 냄새가 싫다.'

'한국인을 죽이자.'

어떻게 이런 야만적인 구호가 등장할 수 있는가. 과연 일본이 문명국인가.

일본은 올림픽 유치전이 뜨겁게 전개되던 9월 초까지는 혐한시위도 작전상 중단하더니 올림픽 유치가 끝나자 다시 열을 올리고 있다. 참으로 교활하다. 위안부 문제, 독도 문제, 사사건건 우리와 부딪히며 억지를 부려온 일본으로서는 그러려니 생각하기엔 너무 그 정도가 심하다는 생각을 한다. 한 · 일 역사를 제대로 알면 일본이 우리를 그렇게 대접할 수는 없는데 말이다.

2008년 6월, 日本 도쿄에서 충청남도와 충남역사문화원이 주최한 '백제문화와 일본열도 — 고대로부터 미래를 생각한다' 심포지엄은 뜨거웠고 진지했다. 특히 교토 산업대 교수인 이노우에(井上滿郎) 박사의 발표는 매우 강렬했다.

"일본 해군이 663년 백제를 구하기 위해 출병했으나 금강하구(白村江) 전투에서 당나라 군대에 완패 당했습니다. 이로써 백제는 멸망했으나 역설적으로 일본은 새로운 나라로 탄생했습니다. 백제가 망하자 귀족과 학자, 지배계층의 사람들이 대거 일본으로 망명을 왔습니다. 우리는 그들을 도래인(到來人)이라 부릅니다. 관동지방에 2,000명, 시가현에 400명…. 당시 천무(桓武) 천황은 이들 백제 도래인들에게 성(姓)을 주고 높은 관직을 주었습니다. 일본 역사상 현재까지 외국인에게 공무원 임용을 한 것은 이때가 처음입니다. 그래서 이들 도래인들은 일본의 통치제도, 교육 · 문화 심지어 옷감을 만들고 염색하는 것에까지 완전히 개혁을 하고 틀을 갖췄습니다. 이들이 일본에 오지 않았으면 일본은 100년 뒤처졌을 것입니다. 그것을 인정하는 것은 결코 부끄럽지 않은 사실(史實)입니다."

이노우에 박사뿐 아니라 학자들은 계속하여 백제가 일본에 끼친 영향에 대하여 거침없이 이야기했다. 참으로 백제의 후손으로 백제의 땅에 살고 있다는 것이 이때처럼 찡하게 느껴본 적이 없다.

"백제는 사람의 배꼽처럼 영원히 지닐 수밖에 없는 존재입니다."

"일본에서 처음으로 금을 캔 사람도 백제왕자입니다."

"백제사람 소아(蘇我)가에 의해 불교가 융성해졌고 그는 일본 왕실의 실세가 되었습니다. 그의 조카딸이 스이코 여왕이고 외손자가 바로 유네스코 세계문화유산에 등록된 호류지(법륭사)를 지은 쇼토쿠(성덕태자)입니다."

말하자면 일본 황실의 핏속에 백제인의 DNA가 흐르고 있다.

"여기 계신 일본인 여러분, 우리 일본인의 DNA를 검사해 보십시오. 틀림없이 많은 분들이 한국인, 거슬러 올라가 백제인의 DNA를 갖고 있을 것입니다."

퍼시즌 호텔 친찬소(椿山莊)홀을 가득 메운 500명 상당의 청중들은 가벼운 동요가 있었으나 이내 잠잠해졌다.

특히 끝머리에 인상적인 말을 남긴 사람은 영화감독 마에다(前田憲二)씨였다. 그는 일본문화를 대표하며, 모태라고 할 '아스카'문화는 한자로 '飛鳥(비조)', 즉 '나르는 새' 또는 '날라 온 새'라는 뜻인데 그것은 바로 '도래인' —일본으로 온 백제인을 뜻한다고 했다. 그러니 일본에 온 백제인들은 떠나온 새처럼 백제를 그리워했고, 그 그리움은 문화를 통해 애틋하게 이어져 왔다는 것이다.

이완구(李完九) 당시 충남지사(현 국회의원)도 흥분을 감추지 못하고 이렇게 끝을 맺었다.

"이처럼 구다라(백제)를 반대하는 일본인은 없습니다. 모두 존경합니다. 그러니 우리 양국이 불편한 일이 생기면 구다라만 생각합시다. 그러면 다 풀립니다. 제가 백제 문화에 관심을 갖는 것은 그런 역사를 젊은 세대에게도 가르쳐 주자는 것입니다."

그래서 이 지사는 양 국의 문화 관계자들이 더 폭넓게 교류하고 젊은 세대를 위한 프로그램을 마련해야 한다는 주장도 했다.

정말 한 · 일 역사관계의 본질로 들어가면 일본은 한국을 진심으로 존중해줘야 한다. 어떻게 감히 '한국인 몰아내자'며 '혐한 시위'를 벌이는가. 그들 스스로 부끄럽게 생각해야 한다. 지금도 계속되는 독일의 유태인 학살에 대한 사죄와는 반대로 한국에 대한 식민통치, 위안부 만행 등에 반성을 모르는 일본의 정치인들은 더욱 그렇다.

자신들이 말했듯이 우리나라가 어머니와 자식의 생명을 연결해 주는 탯줄 — 그 배꼽과 같은 것이라면 진정한 우정을 보여야 한다.

우리는 그 기대를 일본의 젊은 세대에나 가져볼까…. 정말 지금의 일본은 싫다.

공주대학교 칼럼 (2013. 10. 17)

망각의 江

흔히 한국을 '朝鮮'의 나라 이름처럼 '조용한 아침의 나라'라고 한다. 그렇게 우리 아침은 조용할까? 아니다. '너무 시끄러운 아침의 나라'라고 하는 것이 정확할 것이다. 정말 아침 신문이나 TV를 보기가 겁나는 나라다. 또 오늘 무슨 사건이 터졌을까 하는 불안함 때문이다.

나는 아직도 '마음의 行路'(원제 Random Harvese)라는 영화의 감동적인 라스트신을 기억하고 있다. 마빈 르로이 감독이 1946년에 만든 이 영화는 청순한 여배우 그리어 가슨과 미남배우 로널드 콜맨이 주연하고 있다.

전쟁 중 충격으로 기억상실증에 걸린 남편(콜맨)을 사랑으로 돌보는 아내(그리어가슨)의 헌신적 봉사가 눈물겹게 전개된다. 아내조차 몰라보는 남편의 기억력을 되살리기 위해 온갖 노력을 다한 그리어 가슨은 남편을 데리고 옛날 함께 살던 집으로 간다.

그곳에서 아내는 현관문 열쇠를 주며 남편에게 문을 열도록 한다. 현관문이 짤까닥하고 열리자 비로소 남편은 그 열쇠를 응시, 마침내 기억력을 되살려 아내를 품에 안는다. 내용이나 세기적 명배우들의 연기가 감명 깊지만 기억상실증이 얼마나 무서운 비극인가를 이 영화는 보여주고 있다.

기억상실증은 흔히 큰 충격으로 인하여 발생한다. 얼마 전 TV에서 한 소년이 교통사고를 당해 병원에 입원하여 겨우 목숨은 구했으나 기억상실증으로 보호자를 찾지 못하는 안타까운 사연이 방영되었다.

사고 차량은 뺑소니쳐 보상도 받을 수 없었다. 다행히 TV를 보고 부모가 나타났지만 병상의 아들은 부모를 알아보지 못해 모두를 안타깝게 만들었다. 그래서 기억상실증에 걸린 자식을 끌어안고 몸부림치는 어머니의 모습은 모든 시청자들의 눈시울을 뜨겁게 했다.

충격이 안겨준 창창한 젊은이의 불행 — 우리는 이런 불행한 상황을 자주 목격하게 된다. 또한 대형사건의 충격이 소용돌이칠 때, 또 다른 대형사건이 발생, 그 충격을 망각시켜 주는 것도 너무 많이 목격해오고 있다.

한국인이라면 누구나 그 악명 높은 와우(臥牛)아파트 붕괴사건을 기억할 것이다. 와우아파트는 70년 4월 8일 새벽 갑자기 5층 건물 한 채가 와르르 무너져 내린 것인데 33명이 떼죽음을 당하고 19명이 중상을 입는 참사를 빚었었다.

문제의 아파트부지는 경사 70도가 넘는 산중턱에 2m도 안 되는 기초공사, 그것도 썩은 황토흙으로 골짜기를 메운 곳에 기둥을 박아 하중을 이기지 못해 폭삭 내려앉은 것이다. 그때도 온통 날림공사를 규탄하고 공사를 서두르는 우리의 성급함을 반성했었다. 다시는 이와 같은 비극이 재발해서는 안 된다는 다짐도 했었다.

언론도 그랬고 국회서도 그랬으며 정부도 그랬었다. 그러나 와우아파트 사건이 발생한 지 2년도 못된 1971년 12월 25일 서울 '대연각' 호텔 화재사건이 터졌었다. 그것도 소방시설의 무방비로 발생한 화재사건이었다.

21층 모두를 다 태워버린 이 화재는 1백 57명이라는 엄청난 인명피해를 냈고 64명에 중경상을 입혔다. 그래서 또다시 우리는 허술한 화재방비를 개탄하고 대형화재에 대한 철저한 대책을 다짐했었다. 그 다짐들을 우리가 망각하지 않고 실천해 왔었더라면 독립기념관 화재사고와 같은 제2 · 제3 · 제4의 비극은 막을 수 있었을 텐데….

왜 우리는 이토록 과거를 망각하는데 익숙한 민족일까? 너무 많은 충격 속에서 살아온 때문일까, 아니면 조급하게 서두르는 속성 때문일까.

우리는 83년 9월 1일의 소련전투기에 의해 격추된 KAL항공기 참사사건도 잊을 수가 없다. 그날, 소련미그23기가 민간 항공기임을 알고도 우리 보잉 747에 미사일을 발사, 2백69명 승객과 승무원 전원이 숨졌다는 비보를 듣고 얼마나 우리는 분노하며 약소국의 서러움을 되씹었던가.

그러나 그 엄청난 사고도 불과 한 달 후, 10월 9일 발생한 '아웅산' 참사 사건의 충격에 묻혀 버리고 말았다. 충격의 상처가 아물기도 전에 또 다른 추격이 강타하는 우리의 과거 역사, 그래서 우리는 망각에 익숙해졌는지 모른다.

생각해보자. 잔혹한 살인사건, 성범죄, 아시아나 항공기 참사, 충격적인 집단 자살, 패륜범죄, 가스 폭발 사고, CJ그룹회장 구속, 이석기 의원 구속, 강경 노조와 총파업, 개성공단 폐쇄와 재개, 일본 원전의 방사능 오염, 그리고 최근의 검찰 총장 혼외 아들 시비… 등등 일일이 열거할 수 없는 사건들이 꼬리를 물었다. 그러나 우리는 이 가운데 과연 얼마나 그 충격을 기억하고 있는가? 솔직히 누가 사건 내용을 말하면 '그래, 맞아. 그런 일이 있었지?' 하는 정도다.

고대 신화에 레테 강이란 게 있다. 누구나 이 강을 건너기만 하면 슬픔도, 아픔도 모두를 망각하게 하는 마술을 지니고 있었다.

그 망각의 강은 사람들을 행복하게 했을까, 불행하게 했을까. 지금도 그 강은 흐르는가.

괴로운 건 잊어버리게 하고 즐거운 건 희생시켜주는 강, 그래서 우리 대한민국은 이만큼 빨리 성숙하고 빨리 세계사의 중요한 위치로 발전해가고 있는지 모른다.

나는 이렇게 말하고 싶다. '그래 지나간 것은 빨리 잊자. 그러나 기록은 하자. 그리고 그 기억에 사로잡히지 말고 미래로 가자.'고….

공주대학교 칼럼 (2013. 9. 17)

계속되는 유명인 '친자확인 소송'

트위터를 통해 더욱 유명한 작가 이외수 씨가 지난 2월 吳모 여인에 의해 혼외(婚外) 아들에 대한 친자확인 및 양육비 청구사건이 법원에 제소되면서 많은 사람들에게 큰 충격을 주었다.

대중의 존경을 받던 작가가 혼외 아들을 가졌다는 사실만으로도 놀라운 사건이 아닐 수 없다. 그리고 그 아들이 어떻게 20대 청년이 될 때까지 베일에 가려져 있었을까? 호사가들에 의해 사건을 확대 재생산되는 게 현실이다.

요즘은 중앙언론사 회장을 지낸 조모씨를 상대로 민주당 대변인을 지냈던 차모씨가 친자확인 소송을 제기해 언론에 화제가 되고 있다. 이들은 유부남 유부녀이면서도 은밀한 교제를 해오다 아내와 남편을 떨쳐내고 동거를 시작했으며 차씨는 그렇게 해서 생긴 아들을 하와이에서 출산했다는 것.

그러나 조 전회장이 일본 여성과 결혼을 하고 생활비와 양육비마저 끊어버리자 '친자확인'의 극단적 처방을 내렸다는 것이 대체적인 보도 내용이다. 물론 '친자확인' 소송과 함께 차씨는 2004년부터 주지 않은 양육비 3억원 중 1억원과 위자료 1억원을 청구했는데 친자로 확인되면 그 아들은 재산상속의 권리도 갖게 된다.

실제로 지난 달 북한 주민이 우리 변호사를 선임해 친자확인소송에서 승소함으로써 통일 후 북한의 자녀들도 서울에 살고 있는 아버지의 재산을 일정 부분 상속받을 수 있는 길이 열렸다.

대법원은 판결문에서 "원고(북한에 남아 있는 아들)가 모발과 손톱을 채취하는 장면 및 소송위임장 작성 장면이 모두 동영상으로 촬영됐고 북한의 공민증과 대조할 때 의심할 만한 정황이 발견되지 않았다.' 고 밝혔다.

친자확인 소송은 우리나라뿐 아니라 전 세계적으로 퍼지고 있다. 프랑스의 법무장관으로 독신에다 미모가 뛰어나 시선을 끌었던 라시다 다티는 장관 재임 중 아기의 아버지를 밝히지 않은 채 딸을 낳았다. 그러다 그녀는 한참 후 아이의 아버지가 호텔 재벌 회장임을 밝혔는데도 남자 측에서 내 아이가 아니라고 주장하는 바람에 친자확인 소송에까지 들어갔다.

이것이 오늘 우리의 세태다. 대법원 집계에 의하면 친자확인 소송이 해마다 급증하고 있는데 2007년 2,734건이던 게 2011년에는 5,050

건으로 껑충 뛰었다.

이처럼 친자확인 소송이 폭발적으로 늘어나는 것은 DNA 감식의 과학적 발달이 크게 기여하기 때문이지만 무엇보다 남녀의 불륜, 부정(不貞)이 만연한데서 원인을 찾아야 할 것이다.

그러다보니 멀쩡한 젊은 부부들 사이에서까지 자신들이 낳은 아이의 DNA 감식을 의뢰하는 경우도 많다고 한다. 그만큼 부부 사이에서도 불신이 팽배해지는 세상이 되어 버린 것이다.

앞서 이야기한 프랑스 전 법무장관 다티가 아기 아버지로 지목한 재벌가에게 친자확인 소송을 제기했을 때 그 재벌 회장이 '그 여자가 낳은 아기는 그녀가 상대한 남자들 가운데 한 아이일 것이다.'고 응수한 것이 이와 같은 혼탁한 성(性)문화를 잘 표현한 것이리라.

1932년에 발표된 김동인(金東仁)의 소설 '발가락이 닮았다'가 당시 사회에 큰 화제가 되었었다. 아내를 의심한 남자가 훗날 아이의 발가락 – 증조부 때부터 내려 온 자기들 집안 남자들의 가운데 발가락이 가장 긴 특징이 닮았다는 데서 위안을 찾는 내용이 매우 휴머니티하게 다룬 소설이다.

그런데 이제는 발가락이 아니라 살벌하게 DNA 검사를 통해 친자확인을 하는 세상이 되었으니 참으로 개탄스럽다.

충청투데이 칼럼 (2013. 8. 12.)

鄭 총장의 충청 나들이

정홍원 국무총리는 야구를 매우 좋아하는 것으로 알려져 있다. 그동안 정총리가 프로야구 '넥센 히어로즈'의 팬으로 주말에 틈나면 야구장을 찾아 응원을 했다는 것만으로도 그의 야구에 대한 취미는 짐작할 수 있다.

그런데 최근 정총리는 응원팀을 '넥센'에서 '한화 이글스'로 바꾸었다. 그것도 한화의 시합이 있던 대전구장을 총리실 직원들과 함께 찾아서였는데 한회측은 그 보답으로 등번호 '99'가 적힌 야구복을 선물했다.

총리가 이처럼 한화팀에 관심을 갖게 된 것은 '세종시 총리'로서 충청지역과의 스킨십을 강화하려는 의도로 보인다. 사실 총리는 세종시민이다. 지난 3월 5일, 정총리는 세종시에 주민등록 전입신고를 하고 세종시청도 방문하여 주민들과 대화도 가졌다.

그 후에도 '서울 시민'에서 '세종 시민'으로 바뀐 정 총리는 지역기관장과 노인회장 등을 초청, 식사도 하고 세종시 부강면에 있는 사회복지시설을 방문하는 등 '충청사랑'을 실천하고 있다. 충청도 사람은 원래 그 반응이 느리지만 안방 온돌처럼 한번 덥혀지면 오래가는 게 특징이다.

우송대학교 존 엔디컷 총장도 충청사랑을 실천하고 있어 좋은 반응을 얻고 있다. 올해로 7년 우송대학교 총장을 하고 있는 미국의 저명한 국제관계학자 존 엔디컷 박사는 부인과 함께 재래시장을 찾는 것으로 유명하다. 재래시장에서 한국인들의 살아가는 정서와 맛을 느끼는 것이고 그것들을 사랑하는 것이다.

며칠 전 그는 한 신문에 칼럼을 썼는데 미국에 살고 있는 사위와 손자가 한국에 다녀간 이야기를 소개했다. 특히 나의 관심을 끄는 것은 백제의 고도 공주와 부여를 방문한 것이다.

미국에서 온 사위와 손자가 백제왕국에 대한 총장의 설명을 듣고 아시아의 선진국하면 일본으로만 생각했는데 그것이 아니고 오히려 백제가 5~6세기 일본에 불교와 문화, 그리고 문물을 전수해 주었다는 사실에 적잖은 충격을 받은 것 같다고 했다. 그러면서 존 엔디컷 총장은 외국인들에게 대전이나 백제에 관한 이야기를 해줄 때는 고향 이야기를 하듯 신나고 자랑스럽다고 했다.

정홍원 국무총리나 존 엔디컷 우송대 총장의 이와 같은 충청도 사랑은 우리 지역민들에게 자긍심을 느끼게 하고 위안을 준다.

나는 두 분이 기왕 충청도에 관심과 애정을 가졌다면 '백제의 미소'에 대해서도 깊이 들어가 보길 권하고 싶다. 그 '백제의 미소'가 바로 충청인의 미소이며 정신이기 때문이다.

지난 봄 국립제주박물관에서는 '부처의 미소'라는 주제로 불상 특별전을 개최했다. 그런데 이곳에서 특이한 사실은 그 불상들 가운데 유난히 시선을 끄는 불상들이 있었는데 그것이 바로 미소를 머금고 있는 백제 불상이었다는 것이다.

백제시대 7세기 경으로 추정되는 국보 247호 '금동관음보살입상', 백제시대의 보물 330호 '금동보살입상' …. 모두가 백제인의 온화한 심성을 보여주기에 충분하면서도 그 조각이 매우 정교하여 저절로 감탄을 자아낸다.

이들 모두가 공주와 부여에서 발굴된 것들이다. 하물며 서산에 있는 백제시대의 마애삼존불(국보 84호)은 설명을 필요로 하지 않는다. 오죽하면 한국 고고학에 큰 발자취를 남기신 고 김원용 박사께서 이 불상을 '백제의 미소'라고 표현했을까!

근엄한 부처가 아니라 피곤한 길손에게 생수 한 병을 건네 줄 것 같은 친근한 얼굴 — 우리는 이 마애삼존불상에서 '백제의 미소'를 보고 '충청인'을 발견하게 된다. 정 총리와 존 엔디컷 총장, 두 분이 서산을 찾는 기회가 있으면 좋겠다.

충청투데이 칼럼 (2013. 7. 29.)

아버지

종교를 초월하여 국민적 존경을 받던 성철(性徹) 스님에게는 유일한 혈육이 하나 있었다. 스님이 출가를 하기 전 낳은 딸이다. 그 딸이 '아버지'라고 불러 보기도 전에 스님은 입산, 수도승이 되었다.

13살이 되던 해 아버지 성철스님이 있는 곳을 수소문하여 찾아 갔는데 스님은 딸을 보자마자 '가라!' 라는 냉정한 한마디를 던지고는 사라졌다. '아버지'를 불러 보지도 못하고 부녀의 인연은 단절되고 만 것이다. 그 충격은 설명하기 힘들었을 것이다.

결국 딸은 그 후 아버지의 길을 따라 삭발하고 스님이 되었다. 법명은 불필(不必). 지금은 따님도 70대 중반을 넘었고 성철스님을 '아버지'가 아닌 '스승'으로 받들며 먼 거리에서 살아야 했다. 아버지 성철스님이 돌아가시고 다비식(불교에서 화장을 하는 예식) 때는 3배가 아닌 9배를 올렸다고 회고록에 썼다. 큰 스님으로서 그리고 아버지로서 모두를 하나로 녹여주는 것이었으리라.

비록 세속적인 아버지의 정을 느끼지 못하고 긴 세월 살았지만 스승으로서의 성철스님의 가르침은 자신을 지탱해 주는 힘이 되었을 것이다.

아버지를 아버지라 불러 보지 못한 혼혈가수 인순이의 경우도 그렇다. 그녀는 1957년 경기도 포천에 있는 미군부대 소속 흑인병사를 아버지로 하여 태어났다. 하지만 아버지는 곧 미국으로 귀국하였고 딸은 물론 어머니와의 인연도 끊었다.

그래서 인순이는 혼혈아로서 혹독한 차별을 받아가며 외롭게 살아야 했고 너무 가난하여 중학교만 졸업하고 고등학교 진학은 포기해야만 했다. 그러나 그녀는 외로움과 가난을 이기고 팝가수로서 성공하였고 마침내 2008년 미국의 명문 카네기홀 무대에 서기도 했다.

그 때 인순이는 이렇게 말했다.

"나는 아버지를 용서했습니다."

그리고 그녀는 이 자리가 아버지와의 '화해'의 자리가 되었다며 '여러분은 모두 제 아버지'라고 하여 박수가 터져 나왔다. 그리하여 MBC '나는 가수다'에서 많은 사람을 울렸던 '아버지'라는 노래가 탄생을 한 것.

어쨌든 앞서 성철스님의 따님 불필스님이나 혼혈가수 인순이가 보여준 혈육의 정을 뛰어 넘는 '아버지'에 대한 존재 — 그에 대한 의식은 우리들 가슴에 깊이 녹여드는 것이 있다.

최근 가정에서 대화 없이 살아 온 아들이 아버지를 고발한 사건이 서울에서 있었다. 기업체를 운영하는 아버지가 탈세를 하고 부당거래를 했다는 것이다. 심지어 아버지에 대한 처벌이 미진할 경우 제 2, 제 3의 비리도 폭로하겠다는 내용도 있었다.

물론 아버지는 아들을 회유도 하고 설득도 했지만 허사였다. 결국 아버지와 아들의 관계는 파국으로 끝나고 말았다. 왜 아들은 아버지를 법에까지 고발해야만 했을까? 그토록 아버지가 미웠을까? 인순이처럼 '용서'와 '화해'는 불가능한 것이었을까?

사회 정의 구현이라는 측면에서 그 젊은 아들은 훌륭한 일을 했을 수도 있다. 그러나 아버지와 아들이라는 인간의 가장 핵심적 윤리관계에서 보면 분명 불행한 일이다.

하지만 이와 같이 아버지와 아들의 관계가 비록 고발하는 단계는 아니지만 부담스럽고, 심지어 증오스러운 관계로 살아가는 사람들이 우리 주변에는 널려 있다.

부모를 방기하고 기껏 요양원에 집어 던지다시피 하는 자식들, 자식들에게 더 짐이 되기 싫어 자살하는 아버지들, 아버지가 아니라 아버지의 재산을 가지고 형제끼리 피나는 싸움을 하는 자식들, 늦게까지 자식들을 돌봐야 하는 아버지들…. 이래저래 한국의 아버지는 외롭다. 힘들다.

갈등과 미움이 갈라놓은 아들과 아버지…. 서로 '화해'의 대화를 나누고 '용서'의 따뜻한 손을 잡자.

충청투데이 칼럼 (2013. 7. 15.)

'다문화가족청'을 만들자

베트남 캄란만은 월남전 때 미군과 한국군, 그리고 군관련 민간회사에 종사하는 사람들로 북적였었다. 그곳 수진마을이라는 곳에 한국인을 아버지로 둔 길승호 씨가 살고 있었다.

소위 '라이따이한'. 한국인 남자와 베트남 여자에게서 난 혼혈을 말한다. 아버지는 다른 한국인 남자들이 그랬듯이 월남이 패망하자 이곳을 떠났고 아들은 아버지의 나라 코리아를 그리며 힘들게 살았다. 그의 조국은 월남이 아니라 대한민국이라는 생각으로 늘 태극기를 방에 걸었다.

낮에는 미용사로 밤에는 유흥점에서 노래를 부르는 등 힘들게 생계를 이어가다가 2010년 12월 30대 젊은 나이에 스스로 목숨을 끊었다. 아버지의 나라에 가고 싶은 꿈을 죽어서 이루려 했는지 모른다.

'사이공 김'이라는 이름으로 2010년 12월에 올린 블로그는 길승호의 죽음과 장례에 이르기까지 딱한 사연과 사진들이 심금을 울리게 했다. 문제는 이와 같은 비극이 끝나지 않고 있다는 데 있다.

현재 우리나라에 시집 온 베트남 여성은 7만 명을 돌파하여 전체 결혼이주여성의 34.3%로 1위를 차지하고 있다. 물론 이들 가운데는 많은 여성들이 한국문화에 동화되고 행복하게 살고 있다.

그러나 베트남 여성이 자살을 했다든지 한국인 남편으로부터 폭행을 당하거나 심지어 살해됐다는 뉴스를 접할 때마다 아버지 나라를 그리워하다 숨진 라이따이한 길승호를 떠올리게 된다.

한국으로 시집간 그들 딸들의 갈등이 오죽했으면 베트남 정부가 베트남 여성과 결혼하려는 한국 남자들의 자격을 검증한 후 결혼을 허가하기로 했을까.

물론 베트남과의 문제만은 아니다. 우리나라의 결혼 이민자수는 계속 증가 추세여서 18만 명을 뛰어 넘어 전체 인구의 0.36%를 차지하고 있고 결혼 인구의 10~11%에 이르고 있다. 이제 어디를 가든 베트남, 중국, 인도네시아, 네팔, 필리핀, 우즈베키스탄 등 많은 여성들을 쉽게 만날 수 있다. 이름 그대로 '다문화 가정' 사회가 된 셈이다.

따라서 이들에 대한 관심을 높이고 정책을 개발하지 않으면 앞으로 더욱 많은 사건들에 부딪힐 것임은 너무나 뻔한 일이다. 특히 이제 그 2세들이 대한민국 국민으로 커가고 있다는 사실을 주목해야 한다. 바르게, 제대로 크지 않으면 훗날 우리는 또 하나의 사회적 갈등을 겪게 될 것이다.

돈벌이에만 급급하여 마구잡이로 결혼 사업을 벌이는 '국제결혼중개업'을 어떻게 통제할 수 있을까, 어떻게 다문화 결혼이주여성의 인권을 보호하며 다문화 가정 2세들이 왕따 당하지 않고 건강한 대한민국 국민으로 키울 것인가를 진지하게 고민하자는 것이다.

그래서 나는 18대 국회에서 한 때 논의되다만 '다문화가족청' 신설을 다시 추진했으면 한다. 지금 지방자치단체에서 열심히 이 업무를 추진하고 있지만 국가차원의 통합기구가 필요하다.

2년 전 영국 캐머런 총리가 '영국의 다문화주의는 실패했다.'고 선언한 것이나 다문화 가정의 모델로 평가 받던 스웨덴이 이슬람 문화와의 충돌로 큰 혼란을 겪는 것은 우리에게 많은 시사점을 준다.

캐머런 총리는 그들의 다문화를 방임하다시피 방치함으로써 주류와 동떨어진 섹트만 형성했고 결국 이슬람 극단주의만 양성했다고 반성했다. 그의 말을 뒷받침하듯 지난 5월 22일 런던 한복판에서 무슬림 극단주의자에 영국군 두 명이 무참히 살해되는 사건이 발생했다.

이와 같은 영국의 다문화 정책 실패를 되풀이 하지 않기 위해서도 다문화 가족청의 설치가 시급하다.

며칠 전 TV에 나온 어떤 베트남 결혼 이주여성이 베트남의 친정어머니와 전화를 하면서 뜨거운 눈물을 흘리는 장면이 두고두고 생각난다. 그들의 눈물을 거두어 주고 우리 사회와의 통합을 이루어야 한다.

충청투데이 칼럼 (2013. 6. 17.)

歌王 조용필의 'Hello!'

가로수나 공원의 고목들이 둥치가 썩어들어 갈 때 흔히 시멘트로 속을 채운다. 그 이상 썩어 들지 않게 하고 속이 비어 자칫 바람에 꺾이지 않게 하려는 것이다. 대부분 이런 것쯤은 그러려니 하고 지나쳐 버린다.

그러나 그것에서 창조적인 아이디어를 얻으려는 의사의 눈에는 어떤 영감을 준다. 최근 보도에 의하면 우리 국립암센터의 강현귀 박사는 미국 시카고에서 열린 세계 정형외과 학술대회(AAOS)에서 종양·골 대사 질환 부문의 논문으로 큰 상을 받았는데 그것이 바로 나무의 썩어가는 덩치에 시멘트를 채우는 원리라는 것이다.

즉 암세포로 전이된 뼈는 쉽게 부러지는데 그곳에 아주 작은 금속관을 꽂아 뼈시멘트를 주입하여 뼈를 보호하고 종양 활동을 억제시키는 것. 바로 이런 것이 요즘 화두가 되고 있는 창조경제, 창조정신, 하는 것이 아닐까?

조용필의 경우도 그렇다. 누구나 소위 '18번'이라는 게 있다. 나의 경우는 조용필의 '허공'이다.

불교에서 말하는 '비움[空]', '없음[無]'의 사상이 깔려있는 것 같은 가사에다 끓어오르는 ― 그러면서도 슬프도록 절제된 조용필의 호소력 있는 음색이 너무 좋다. 물론 그의 노래는 모두 그런 공통점을 가지고 한국인들의 정서에 와 닿았다. '한오백년', '돌아와요 부산항에' 등등….

그러나 10년여 조용필은 '강태공의 낚시'처럼 세월을 낚고 있다가 지난 4월, 홀연히 다시 나타났다. 연예인이라는 게 흔히 무대 뒤에 2~3년만 가려져 있어도 대중은 망각해 버리기 십상인데 조용필은 달랐다.

역시 가왕(歌王). 새 앨범 'hello'가 한 달도 안 돼 14만장이나 나갔다는 뉴스가 사람들을 놀라게 한다. 이대로 가다간 연말까지 3~40만장은 거뜬히 돌파할 것이라고 전망하고 있으니 역시 그는 '가왕' 칭호를 들을 만하다.

어떻게 63세의 나이에 조용필의 'hello' 바람이, 그것도 그의 대명사 트로트가 아닌 '바운스'와 같은 곡으로 음원 시장을 점령할 수 있을까? 그의 무엇이 아이돌에 점령됐던 우리 가요계에 놀랍고 신선한 충격을 이렇게 강렬하게 주게 만들었을까?

첫째 그는 요즘 세상의 화두가 되고 있는 창조경제의 실체를 일궈내었기 때문이다. 사실 그가 10년 만에 등장하면서 과거 자신의 전매특

허였던 트로트로 도전을 했다면 '과거를 우려먹는' 흘러간 가수로 치부되고 말았을 것이다. 그러나 그는 새로운 장르 '바운스'로 도전했고 성공했다. 중요한 것은 조용필이 보여준 바운스가 하루아침에 탄생된 것이 아니라는 사실이다.

오래 전부터 그의 새로운 음악 영역을 준비해 왔고 그 도전은 아이돌이나 싸이의 열풍을 뚫고 새로운 모습의 조용필을 '가왕'으로 등극시켰고 벌써부터 일본의 기획사들은 조용필의 일본 상륙을 준비하고 있다는 이야기다.

싸이의 말춤과 '강남 스타일', '젠틀맨'이 창조와 도전의 아이디어로 많은 외화를 벌어들이고 있는 것처럼 조용필 역시 일본 땅에 또 다른 한류를 보여줄 수 있을 것이다. 이들 공통점은 산업 분야에서가 아니라 인간 중심의 감성에서 창조의 길을 열었다는 것이다.

KBS-TV에서 매주 소개하는 글로벌시대에 세계 도처에서 대단한 성공을 거두고 있는 한국인들의 한결같은 내용을 보면 역시 인간중심의 창의와 포기하지 않는 끈질긴 집념이 있었다.

그래서 이 지구상에서 유대인을 이길 민족은 한국인밖에 없다고 말하는 사람도 있다. 사실 뉴욕의 전통적인 유대인 장악의 야채 시장을 점령한 것도 한국인. 지금 우리는 경제적으로, 사회적으로 매우 힘들 때에 살고 있다. 특히 우리 젊은이들에게 조용필이 주는 메시지, 암센터의 강현귀 박사가 주는 메시지가 힘과 용기를 주었으면 좋겠다.

충청투데이 칼럼 (2013. 5. 20.)

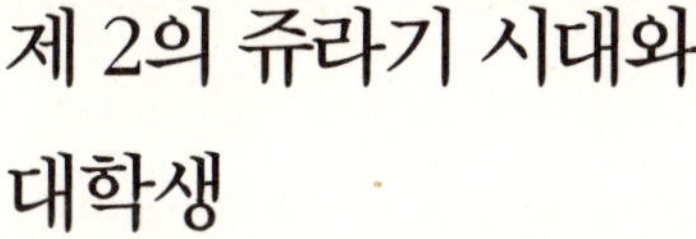

제 2의 쥬라기 시대와 대학생

지구에 생명체가 시작된 것은 약 35억 년 전으로 보고 있다. 이처럼 긴 35억년 동안 지구상에는 1억 종이나 되는 생물이 존재했으나 현재는 인간을 비롯, 2%뿐인 2백만 종이 생존해 있다. 나머지 98%, 약 9천 8백만 종은 어디로 갔을까. 두말할 것 없이 멸종한 것이다. 그러니까 98%는 지구상에서 사라졌고 2%만이 남아서 지구를 에워싸고 있다.

그 멸종된 것 중에는 '공룡'이라는 거대한 동물이 있었다. 인간이 지금까지 지구를 지배한 것이 4백만 년인 것에 비하면 공룡은 무려 열배도 넘는 4천5백만년 동안을 지배했으니 태초 이래 이처럼 위력적인 생명체는 없었다. 공룡은 우리나라 울산 등지에서 발견되는 발자국과 화석을 보면 한반도도 지배한 것이 틀림없다. 이 기간을 '쥬라기'라고 부르는데 최근 세계적인 히트를 한 영화 『쥬라기공원』도 이 시대를 재현한 것이다.

그런데 언제나 우리의 관심을 끄는 것은 그렇게도 오랫동안 지구를 지배해온 공룡이 지상에서 왜 멸종됐느냐는 것이다. 거기에는 몇 가지 학설이 있다.

첫째는 끝없는 욕심, 즉 탐욕이 스스로를 멸망케 했을 것이란 주장이다. 가령 티라노사우루스라는 공룡은 무게가 7t에 길이는 14m나 되는 대단한 몸체를 가지고 있었다. 이런 것들이 먹어치우는 먹이는 1일 5백kg에 달하였다. 지금 지구상에서 가장 많은 먹이를 먹는 코끼리가 1백50kg이라는 걸 생각하면 공룡의 가공스런 탐욕을 짐작하고도 남음이 있다. 그러니 그 많은 공룡 떼들이 한번 스치고 지나는 곳이면 황폐화됐을 것이고 결국은 스스로 생존할 터전을 포기했을 것 아니냐는 것이다.

두 번째 학설은 1억 8천만 년 전 행성이 지구와 충돌했을 때 공룡이 이를 견디지 못했을 것이라는 주장이다. 즉, 행성의 충돌에 의해 지구는 온통 먼지에 휩싸여 있었을 것이고 햇빛이 차단되는 등의 급작스런 환경의 변화에 몸집이 거대한 공룡은 적응을 못해 스스로 멸종할 수밖에 없지 않았겠느냐는 것이다.

물론 최근 공룡은 멸종된 것이 아니라 나는 새로 진화되었을 것이라는 학설도 등장하고 있지만 이와 같이 공룡의 멸종에 대해서는 ① 끝없는 식욕 ② 새로운 환경문화, 즉 행성의 충돌에 적응을 못한 것으로 해석하는 것이 정설로 되어 있다.

우리는 이렇듯 사라진 쥬라기 주인공에게서 두 가지 커다란 교훈을 배우게 된다. 절제 없는 탐욕과 새로운 환경변화에 적응 못하고 공룡처럼 자멸할 수밖에 없다는 것이다. 그것은 그동안 지구상에 1억 종의 생물이 있었으나 98%가 전멸하고 2%만이 생존해 있는 것과 마찬가지다. 추운 지방의 식물은 잎새를 바늘처럼 좁혀야 했고 사막의 식물은 선인장처럼 줄기에 수분을 많이 저장할 수 있는 변화를 보여야 하듯.

민족과 국가도 만찬가지다. 이 지구상에는 수많은 민족과 국가가 일어나기도 했고 지배하기도 했으며 아예 흔적조차 없이 망해버린 예를 우리는 역사에서 자주 보게 된다.

그 대표적인 것이 한때 세계를 지배했던 징기스칸의 몽고다. 그러나 지금 몽고는 어디에 붙어 있으며 그들의 문화는 무엇인가. 한때 그들은 일본까지도 정복하기 위해 제주도에 말 사육장을 만들었으나 지금 제주도에는 그때 남긴 몇 가지 풍습과 언어가 있을 뿐이다.

우리 젊은 대학생들에게도 나는 바로 이 시대의 변화를 감지하라는 이야기를 하고 싶다. 물론 알고 있다. 눈부시게 발전하고 변화하는 디지털 세계, 가혹하리만큼 냉정한 국가 간 경쟁, 문 밖에만 나가면 내 자신이 초라해질 수밖에 없는 생존 전쟁…. 그러나 얼마만큼 그 변화를 내 심장에 받아들이고 내 영혼에 그것을 녹여내는가?

그것을 처절하게 깨달은 '싸이'가 세계에 바람을 일으키는 것은 정말 박수를 보낼 일이다. 변화를 깨닫고, 녹여내고, 그 변화에 자기 인생을 걸고 도전하는 것 — 이것을 권하고 싶다.

대학 생활 내내 현실에 안주하지 말고 이 엄청난 '제 2의 쥬라기'에 생존하는 길을 찾자는 것이다.

공주대학교 칼럼 (2013. 5. 16)

시끄러운 나라

우리나라를 '조선(朝鮮)'이라 하여 '조용한 아침의 나라'라고 표현한 것을 생각하면 '시끄러운 아침의 나라'라는 표현이 오히려 적절하다는 생각을 할 때가 많습니다.

사실 한국이라는 조그만 나라가 본격적으로 세상에 알려진 게 6.25 전란 아니었습니까? 그 후로도 4.19, 5.16 그리고 박정희 대통령의 암살, 광주항쟁…. 온통 시끄러운 뉴스로 일관했습니다. 요즘의 사태만 해도 너무 시끄럽습니다. 북한의 30도 안된 젊은 김정은이 무슨 유사 종교의 교주나 되듯 떠받들어지고, 마침내 전쟁위협으로 세계를 시끄럽게 하고 있습니다. 해외에서는 한반도에 곧 전쟁이라도 터지지나 않나 하고 불안해한다 합니다. 그래도 막상 우리나라에서는 류현진의 야구 이야기, 싸이의 '젠틀맨'에 더 관심을 갖는다고 외신은 보도합니다.

정말 '조용한 아침의 나라'에서 어떻게 아침 출근길 지옥철이라는 지하철에서 사람이 짓밟혀 기절하는 소동이 벌어지고 걸핏하면 파업으로 시민의 발을 묶어놓습니까. 택시타기, 버스타기, 모든 게 시끄럽고 복잡한 전쟁을 치르듯 해야 한다는 것은 무엇입니까? 어떻게 '조용한 아침의 나라' 정치가 저렇듯 시끄럽고 기업의 파업을 비롯, 산업현장이 시끄럽기만 합니까? 대학, 백화점, 남대문 시장, 대형교회의 세습싸움, 고속버스터미널, 경찰서 조사실, 병원의 영안실, 예식장 접수대, 추석날의 고속도로, 종교의 파벌싸움, 초등학교 어머니회…. 대한민국에서 조용한 곳은 그 어디고 찾아볼 수가 없습니다. 매일 터지는 대형사고나 사건…. 그래서 아무리 큰 사건도 1주일이 지나면 망각하는 우리나라입니다.

그뿐이 아닙니다. 비행기, 식당, 호텔, 버스 할 것 없이 공공장소에서 시끄럽게 떠드는 것은 한국인입니다. 왜 그렇게 큰 소리로 말을 해야 하는지, 무엇이 그렇게 웃음보가 터질 만큼 재미있는지, 아니면 왜 핏대를 올려 이야기를 해야 하는지 저도 한국인이지만 이해할 수 없습니다. 목욕탕은 시끄러움의 극치입니다.

스위스 제네바에서 만난 우리 유학생 한 사람은 이런 이야기를 하더군요.

"오래전 이곳에서 각국 대표들이 모여 한참 우루과이라운드 협상을 벌이고 있을 때 한국의 농민대표, 국회의원 등이 제네바의 GATT본부 앞에서 데모를 했죠. 그런데 이곳 스위스 사람들이 이해를 못하는 것은 왜 지정된 장소에서 시위를 않고 시위가 금지된 GATT본부 앞에서 하느냐는 것과 머리를 삭발하고 할복을 해야만 의사전달이 되느냐는 것이었습니다. 한국식 시위문화에 대해 도무지 이해를 못하는 것입니다."

제가 파리에서 제네바로 가는 TGV고속전철을 탔을 때 어떤 영국인 교수는 한국 사람들의 격렬한 데모방식에 대해 묻더군요. 왜 쇠파이프를 들고, 기차를 세우느냐, 왜 한국은 늘 시끄러운가…. 대충 그런 것이었습니다. 몇 해 전 한국을 방문했다는 그 영국인 교수는 서울의 첫인상에 대해서도 '시끄러운(noise)'이란 표현을 강조했습니다.

그래도 저는 시끄러운 아침의 나라, 한국이 좋습니다.

이렇듯 시끄럽고 집만 나서면 복잡한 한국이지만, 그리고 뒷골목에까지 '소변금지'를 써붙여야 할 만큼 세련되지 못하고 어디든 둘만 모여도 큰소리로 떠드는 한국이지만, 저는 이 혼돈, 이 시끄러움이 큰 민족, 큰 나라가 되기 위한 과정이라고 믿기에 사랑한다고 말할 수 있습니다. 마치 그리스 신화의 카오스(chaos)처럼 우주의 질서가 있기 전의 원초적 혼돈이 있어야 했듯이 말입니다.

이제 우리나라도 좀 더 세월이 가고 인내하면 모든 분야의 사이비, 부도덕, 엉터리, 혼돈이 사라지고 우리가 부러워하는 선진국들처럼 자리매김이 이뤄질 것입니다. 성숙한 국민이 되고 통일도 될 것입니다.

그리고 그 때에 우리는 뒤돌아보며 알게 될 것입니다. 역시 우리의 시끄러움은 힘이었음을….

공주대학교 칼럼 (2013. 5. 8)

'변호사의 자격' '7급공무원 자격'

전남 여수시청 공무원 金모씨(47)가 지난해 11월, 80여억 원이나 되는 공금을 횡령한 사건은 너무 충격적이었다. 더욱 놀라운 것은 횡령한 공금 중 60여억 원은 사채와 대출금 갚는 데 썼고 처남에게 아파트와 승용차를 사주는가 하면 내연녀에게도 거금을 생활비로 주는 등 흥청망청 탕진한 사실이었다.

여수시뿐 아니라 이 무렵 안산 · 김포 · 인천 등지에서도 수천만 원에서 수억 원에 이르는 공무원 비위사실이 안행부 감사에서 적발되었다. 이들 '간 큰 공무원'의 횡령수법은 직원들의 급여 내역서나 상품권 환급서류를 허위로 꾸미는 것.

그리고 대부분 7급~8급이라는 데 놀라게 된다. 흔히들 어떻게 7~8급의 하위직에 있는 공무원들이 상급자나 동료의 도움 없이 큰돈을 빼낼 수 있겠느냐고 의아해했다. 결론부터 말하자면 단독으로 가능하다. 모든 자금집행이 전산에 의존하고 급여 업무와 지출업무를 겸하게 되면 더욱 그렇다.

물론 지금은 재발방지를 위해 모든 조치를 철저하게 구축했다. 발의부서와 회계부서에 지급내역 동시 통보 등이 그것이다. 그러나 여기서 말하고 싶은 것은 그런 사고내용이나 재발방지책이 아니라 하위직이라고 생각하는 7~8급 공무원의 자리가 매우 중요하다는 것이다.

아무리 장 · 차관이 정책을 결정해도 그것을 실행하는 것은 이들이고 직접 국민과 접촉하는 것도 그들이다.

처음 공무원에 임용되면 9급에서 출발하는데 이때는 아직도 행정을 배우는 단계로 시간이 가면서 점차 숙련이 된다. 9급에서 7급에 이르려면 최소한 6년에서 많게는 8년. 짧은 세월이 아니다. 초봉은 2,500만원 안팎. 따라서 7급이 쉬운 자리가 아니고 공무원 조직의 뿌리라고 할 수 있다.

나무가 튼튼히 자랄 수 있는가? 그것은 곧 뿌리가 건강한가에 달려 있다. 이와 같이 7급 공무원에 대한 인식이 높아지면서 그에 대한 선망도도 상승세다. '7급 공무원'이라는 영화가 나올 정도. 그래서 2007년 응시자가 5만 명이던 게 올해는 7만 명을 육박하여 113.1 대 1. 그야말로 '치열'하다.

이런 판에 '변호사, 7급 채용'까지 끼어들면서 다시 '7급 공무원'에 대한 관심이 쏠리고 있다. 발단이 된 것은 부산시가 최근 7급 변호사 채용공고를 낸 것. 부산시뿐 아니라 경찰도 로스쿨 출신을 채용하는 방안을 검토 중이라고 하는데 역시 7급에 해당하는 '경위'가 될 것이란 전망이다.

과거 같으면 사법시험 합격자가 경찰로 임용될 경우 5급, 그러니까 '경정'이었는데 상당한 신분 변화가 온 것이다.

지난해만 해도 국민권익위원회를 비롯 몇몇 기관에서 변호사를 6급(주사)으로 뽑았는데 1년 사이에 또 변화가 온 것을 생각하면 우리 직업관이 크게 요동을 치는 것 같다.

물론 6급 채용 때도 변호사에 대한 신분하락에 로스쿨생들의 반발이 컸지만 정작 모기관의 경우 6급 변호사 2명 채용에 56명이 몰려오는 기현상을 보였다. 그리고 마침내 7급에까지 이르게 되었으니….

결국 이제 직업에 대한 과거의 선입관을 버려야 할 때인 것 같다. 쓰레기를 치우는 미화원, 철로에 자갈을 까는 보수원, 이런 직종에 대졸자가 몰리고 군장교 출신 택시기사가 많다고 해서 놀랄 일이 아니다. 그 직을 소중히 생각하는 자세가 중요할 뿐이다. 최근 대법관을 퇴임한 어느 원로 법관이 변호사 개업 대신 야채가게를 열어 언론에 크게 보도됐다.

하물며 7급 변호사 시대라고 해서 잘못된 것은 아니고 7급 공무원이 갖는 중요성을 인식하면, 그래서 그 변호사가 7급 공무원의 사명을 충실히 수행하면 나라를 위해서 그리고 그 개인을 위해서도 희망이 있을 것이다. 지금 우리는 그 변화의 물결을 타고 있다.

충청투데이 칼럼 (2013. 5. 6.)

제5장

통곡의 벽과 기억의 벽

미국 웨슬리언대학 Jonathan.w.Best 박사와 함께 '백제역사'에 대한 국제학술대회를 마치고

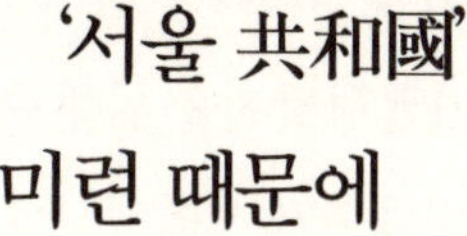

'서울 共和國' 미련 때문에

'서울시 예산을 지원해서라도 행정수도 이전 반대운동을 도와주겠다.'

이명박 전 대통령은 서울시장으로 있던 2004년 10월, 서울시에 대한 국정감사에서 국회의원들의 질의에 이와 같이 답변했다. 그뿐이 아니다. 그해 2월 이명박 서울시장은 한 언론과의 인터뷰에서 행정수도이전을 거듭 반대하며 꼭 옮겨야 한다면 휴전선 부근 DMZ가 적지라고 말했다. 다분히 불편한 심기를 보이는 말이었다.

이명박 서울시장은 대통령이 되고서도 행정수도 이전의 방향을 돌리려다 2년의 황금 같은 시간을 허비하기도 했다. 지금 세종시 입주에 차질을 빚는 것도 그 때문이다. 그 반대의 선봉에는 아이러니하게도 충청인 출신 국무총리가 있었다. 그런데 아직도 행정수도 이전에 딴지를 거는 현상을 보게 돼 안타깝다.

미래창조과학부가 세종시로 합류하지 못하고 애매모호한 상태로 경기도 과천에 문을 연 것이 그렇고 일부 언론에 세종시의 불편사항이 너무 표피적으로 부각되는 것이 그렇다. 굳이 호주가 캔버라로 수도 이전을 하여 자리 잡기까지 30년이나 걸렸다는 사실은 거론 않더라도 당장 1년도 안됐는데 불편과 비능률을 해결하지 못함을 심하게 질타하는 것이다.

특히 우려하는 것은 박근혜 정부의 최대 파워 조직이라는 미래창조과학부가 과천에 둥지를 트는 것이야말로 국가균형발전을 위해 출범하는 세종시에 '빨간불'이 아닐 수 없다. 물론 미래부가 세종청사로 들어갈 건물이 없다는 것이 과천으로 가는 이유다.

그렇다면 청사 공간이 해결되는 연말이나 내년까지는 세종시로 오겠다는 발표가 뒤따라야 하지 않을까? 미래부가 세종시에서 빠지는 것은 정말 허탈하다.

첫째 미래부가 과천으로 자리 잡으면 우리 정부는 대전청사를 제외해도 서울청사 · 세종청사 · 과천청사… 이렇듯 세 집 살림을 하게 되기 때문이다. 지금 세종청사 가지고도 비능률이니 행정 낭비니 하며 불평이 쏟아지고 있는데 세 살림을 꾸려간다는 게 얼마나 어려울 것인가? 정말 초등학교 1학년 어린이에게 물어봐도 '아니요'라고 말할 것이다.

두 번째는 국제과학비즈니스벨트가 들어설 위치는 바로 세종시에 붙어있다는 것. 그리고 대덕연구단지 특구가 있고 충북의 오송생명과학단지와 오창과학산업단지 역시 20~30분 거리에 위치해 있기 때문에 여기에 종사하고 있는 과학자들은 앞으로 미래부를 가까이 함으로써 활기찬 동력을 얻을 것으로 기대하고 있다는 것. 최문기 미래부장관은 장관이 되기 전 대덕연구단지의 ETRI와 KAIST에서 근무했기 때문에 누구보다 그것을 잘 알고 있었을 것이다.

셋째는 법률적 문제다. 미래부의 전신은 누가 뭐래도 과학기술부다. 따라서 2005년 행정도시 특별법 제정 당시 과학부는 세종시로 이전할 부처로 결정됐기 때문에 당연히 세종시로 와야 한다는 것이다.

행정 · 교육… 모든 것이 수도권에 몰려있는 우리나라, 대한민국 인구의 50% 가까이, 금융의 70% 역시 수도권에 집중되어 있는 우리나라, 그래서 흔히들 '서울 공화국'이라고 불려왔다.

이 기형적 형태를 바로잡고 국가균형발전을 위해 탄생한 것이 세종시인데 이처럼 이상한 형태의 또 다른 불균형을 이룬다면 2030년까지 22조의 혈세를 들여 조성하고 있는 세종시의 기능이 어떻겠는가?

행정수도 이전이 논의될 2004년 서울시 거리에는 '행정도시 이전 결사반대!' 라는 플래카드가 여기저기 걸려 있어 마음이 착잡했었다. 지난 월말 미래부가 과천으로 자리 잡자 '미래창조과학부 입주 환영!'이라고 과천거리에 나붙은 플래카드 역시 우리를 착잡하게 했다. 또 갈등이 벌어져서는 안 될 텐데 하는 마음 때문이었다.

정말 '서울 공화국'의 미련에서 벗어나 국가균형발전을 이루는 것이 요즘 화두가 되는 '창조'의 첫걸음이 아닐까.

충청투데이 칼럼 (2013. 4. 22)

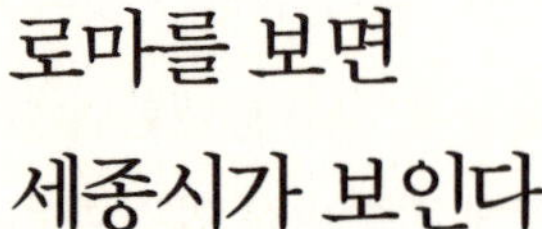

로마를 보면 세종시가 보인다

오래된 영화지만 오드리 헵번과 그레고리 펙이 주연한 '로마의 휴일'은 어쩌다 TV에서 다시 방영해도 가슴에 짠한 감동을 준다. 특히 앤 공주(헵번)가 트레비 분수에서 그녀의 아름다운 머리를 자르는 장면은 참으로 풋풋함이 묻어나는 장면이다.

지금도 이곳 트레비 분수에는 언제나 관광객들로 북적댄다. 또한 이 분수에 오면 누구나 동전을 던지는 것으로 유명하다. 한 번 던지면 로마에 다시 오고 두 번 던지면 사랑하는 사람을 만난다는 전설이 있어 관광객들로 하여금 그 장난스러운 전설대로 동전을 던지게 하는데 하루에 자그마치 300만원 상당이 된다는 것.

이 모아진 동전은 가톨릭 기구에서 불우이웃돕기에 사용한다. 과연 로마에 다시 오고 싶은 소원으로 동전을 던지게 할 만큼 '명품(名品)'으로의 콘텐츠를 갖고 있는가?

그렇다. 바로 이 트레비 분수만 해도 1732년에 니콜라 살비라는 설계사에 의해 30년이라는 긴 공정 끝에 이루어진 세계 도시의 분수 가운데 가장 예술성이 뛰어난 작품으로 평가 받고 있다. 공사기간은 30년이지만 이 분수의 건설을 위한 준비 단계부터 계산하면 200년이 걸린 작품이다.

로마의 명품들은 이렇듯 긴 세월을 먹고 탄생한 것들이다. '길은 로마로 통한다'는 말이 있을 정도로 로마의 도로 역시 세계적인 명품이다. 세계 최초로 돌을 이용한 포장도로를 건설한 것도 로마인데 로마를 중심으로 유럽 전역에 연결되는 간선도로가 9만km나 되며 지선도로까지 하면 30만km나 된다.

특히 주목할 것은 이미 그 옛날 도로를 건설할 때 건설 책임자의 이름을 따서 도로명을 붙였다는 것이다. 그렇듯 책임과 명예를 부여하며 도로 건설을 매우 중요시 했던 것. 물론 이 엄청난 토목공사는 수만 명 노예의 희생이 뒤따랐고 많은 시간을 투자해야 했다.

칼을 든 용맹스런 검투사들, 그리고 수십 마리 사자가 동시에 입장하여 청중들을 흥분케 했던 콜로세움도 하루아침에 세워진 것들이 아니다. 심지어 대중목욕탕, 화장실, 상수도관에 이르기까지 '명품 로마'를 이루고 있는 것들이 단번에 '붕어빵' 찍어 내듯 이룩된 것은 하나도 없다.

천신만고 끝에 세종특별자치시가 출범한 지 10개월로 접어들고 있다. 물론 정부청사 건물은 좀 더 일찍 시작했지만 불과 2년여의 세월이 흘렀을 뿐인데 많은 사람들이 조급하게도 세종시 전체를 빨리 보고 싶어 한다.

세종시의 랜드마크가 될 중앙호수공원만 해도 벌써부터 매일 관람객들이 찾아오지만 아직은 만족하지 못하는 사람도 있다. 그러나 확실히 중앙호수공원은 로마의 트레비 분수 같은 세계적인 명품이 될 수 있다. 언제? 축구장 62개 크기의 너비, 5개의 인공섬, 그것들을 에워싼 수목원과 걸어서 다 돌아볼 수 있는 박물관, 도서관, 대통령 기록관, 자연사 박물관 등이 들어서서 호수에 그 그림자를 드러내기 시작할 때다.

3~4년만 기다리면 서서히 세종시는 세계 20대 명품도시의 하나로 모습을 드러낼 것이다. 지금은 서울에서 내려온 중앙부처 공무원들 역시 주택, 교통, 음식점과 편의시설 등 불편해 하지만 그때 가서는 이곳에 정주하게 된 것을 축복으로 생각할 것이다.

우리 모두 '로마가 하루아침에 이룩되지 않았다.'는 사실을 되새겨 볼 필요가 있다.

충청투데이 칼럼 (2013. 4. 8)

닉슨 · 흐루시초프 부엌 논쟁

1950년대는 미국과 소련이 대결하는 냉전시대의 정점이라 할 수 있었다. 한국전쟁은 휴전이 되었으나 남 · 북 긴장이 계속되고 있었고 인도지나 반도를 비롯 곳곳에서 미 · 소의 대립이 전쟁으로 이어지고 있었다. 그것은 필연적으로 미사일 개발 · 핵실험 · 잠수함 건조 등의 군비 경쟁을 촉발시켰다.

이런 가운데 1959년 7월 소련 소콜니키 공원에서 미국의 무역 박람회가 열렸다. 소련에서 개최되는 미국의 첫 박람회여서 닉슨 부통령(후에 대통령이 됨)이 대표단을 이끌고 전시장에 참석했고 흐루시초프 소련 공산당 서기장도 현장을 방문했다.

미 · 소 양국을 대표하는 두 지도자는 세탁기, 식기 자동세척기 같은 미국의 가전제품 전시코너에서 마주쳤다. 당시 미국의 가전제품들은 소련 주부들로서는 꿈같은 것들이어서 닉슨 부통령은 자신감을 갖고

'우리 미국의 노동자들은 누구나 이 정도는 갖출 수 있다.'고 자랑했다.

흐루시초프 공산당 서기장은 소련이 미국에 앞서 스푸트니크 위성 발사에 성공한 것 등 미사일 개발을 자랑했다. 그러자 닉슨은 미사일로 경쟁하지 말고 세탁기로 경쟁하자고 응수했다.

이것이 유명한 닉슨—흐루시초프 '부엌논쟁'이다. 닉슨이 전쟁을 위한 무기가 아니라 국민들의 행복한 부엌 생활로 경쟁하자는 취지의 논전은 닉슨을 일약 미국의 정치 스타로 도약시키는 계기가 되기도 했다.

몇 해 전 남·북 이산가족상봉이 이루어졌을 때의 이야기. 남한의 동생이 북한에 있는 형을 만나러 금강산 상봉소에 갔었다. 상봉장에 나온 북한의 형은 최고급 로렉스 시계를 차고 있었다. 형제가 몇 십 년 만에 만나 대화를 나누고 마음의 벽을 어느 정도 열었을 때 동생이 형에게 우리가 만난 정표로 시계를 교환하자고 제의했다. 그러자 형은 동생의 귀에다 작은 소리로 말했다.

"이것 상봉 끝나면 반납하는 시계야."

동생은 어이가 없었다.

조금 있다가 과일이 식탁에 들어왔다.

그러자 형이 '이런 수박을 샘물에 담갔다 먹으면 시원하고 맛이 좋다.'고 자랑을 했다. 이에 남한의 아우가 '왜 냉장고에 넣었다 먹지 않느냐? 우리 남한에는 냉장고 없는 집이 없다.'고 하자 북한의 형이 머쓱해 하더라는 것이다.

북한에서의 냉장고 같은 가전제품을 갖추고 산다는 것은 당 간부나 특수층을 제외하고는 어려운 이야기다. 마치 이들 남·북 형제의 대화는 닉슨—흐루시초프의 부엌논쟁을 연상시킨다.

북한은 이번 3차 핵실험을 하면서 15억 달러, 그러니까 우리 돈으로 2조원이나 되는 돈을 썼을 것으로 서방정보기관은 추정하고 있다. 이 돈이면 북한 주민 2천5백만 명의 식량으로 1년 6개월치 옥수수를 살 수 있고 10년간의 기근을 해결할 수 있는 규모다.

요즘 북한이 3차 핵실험을 자축하는 군중대회로 들떠있다. 동원된 평양시민의 인터뷰는 한결 같이 북한이 '위대한 지도자'의 덕분에 핵 보유 국가로서 '강성대국'이 되었음을 경축한다며 눈물을 글썽이기도 했다. TV뉴스를 통해 이런 장면을 보면 어떻게 지구상에 저렇듯 우매한 독재국가가 대를 이어 존재하는지 북한 동포가 너무 가련하다는 생각이 든다.

국내외 보도에 의하면 북한 주민은 물론 북한당국이 떠받들고 있는 인민군까지도 영양실조로 죽어가고 있는 형편에 있다고 한다. 북한 어린이의 키가 남한보다 평균 7센티나 차이가 나고 영양실조에 결핵 환자도 급증하고 있으나 의료혜택을 받지 못해 죽어나가고 있다는 것이다.

누구나 알고 있듯이 소련이 망한 것은 핵무기나 미사일이 없어서가 아니라 '부엌'으로 상징되는 국민의 자유와 행복이 고갈되었기 때문이다. 북한 지도자들에게는 이런 말이 '소귀에 경 읽는 것'이겠지만.

충청투데이 칼럼 (2013. 3. 25)

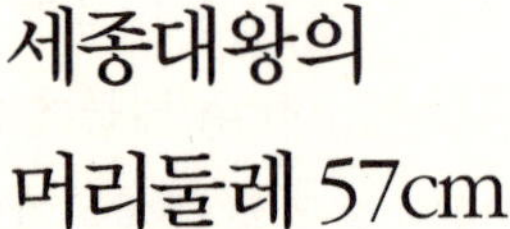

세종대왕의 머리둘레 57cm

"지난 밤 돌아눕지 못할 만큼 아프고 고통스러웠다. 날로 내 몸이 쇠약해지니 어떻게 정사를 돌보겠는가."

등창으로 오랫동안 고생을 하던 세종대왕이 너무나 괴로워 실토한 말이다. 그뿐 아니라 세자시절 한 쪽 다리가 아파 10년을 앓았고 밤늦게까지 책을 보느라 눈병이 생겨 무척 고생했다.

이 눈병을 고치러 지금 세종시 전의면에 있는 약수터까지 왕림한 적도 있다. 그래도 계속 책을 읽자 어머니 원경왕후 민씨가 아들 모르게 책 몇 권만 두고 나머지는 깊숙이 감추기도 했다. 이처럼 '조선실록'에 의하면 세종대왕이 앓았던 병이 100가지가 넘는다고 한다. 그런 아픔 속에서도 위대한 성군에 오른 것은 그야말로 그의 정신력이 아닐 수 없다.

또한 여러 병을 앓다 보니 세종은 병으로 고통 받는 백성에 대한 관심이 매우 커서 심지어 감옥에 갇힌 죄수들도 병에 걸리면 돌보게 했다. 뿐만 아니라 1433년 6월 우리나라 사람의 질병을 959종으로 세분화시켜 이에 따른 처방 1만 700가지를 적시한 '향약집성방(鄕藥集成方)'을 노중례, 유효통 등으로 하여금 편찬케 했다. '동의보감'과 함께 우리나라 3대 의서로 평가받을 만큼 대단한 작업을 해낸 것이다.

이밖에도 지방마다 약재를 재배케 하는 등 질병치료에 많은 심혈을 기울였다. 하지만 백성들은 이와 같은 의서를 활용하지 못하고 전염병이 한번 휩쓸면 많은 사람이 희생됐으며 푸닥거리 같은 미신 행위로 오히려 재산만 탕진하는 경우가 많았다.

세종대왕은 매우 안타까웠다.

"왜 이렇게 우리 백성이 답답한가⋯."

그렇다. 양반이 아니고는 글(漢文)을 모르기 때문이다.

아무리 좋은 의서를 내려 보내고 전염병에 대한 처방을 써서 게시판에 붙여도 가난한 서민들은 그 뜻을 파악하지 못했다. 한문으로 써 있기 때문이다. 세종대왕은 누구나 쉽게 쓰고 읽을 수 있는 '우리 글'의 필요성을 절실히 느꼈다.

이리하여 1446년 세종 28년에 반포된 '한글'이 세종임금의 머리 속에 잉태되기 시작한 것이다. 그야말로 '한글' 창제는 백성을 지극히 사랑하는 인본주의요, 임금과 백성이 서로 소통하기 위한 역사적 작업인 것이다.

세종대왕의 위대한 점이 여기에 있다. 또한 세종대왕은 범죄예방을 위해서는 형을 엄하게 내리는 것보다 인성 교육이 중요하다는 인식을 깊이 갖고 있었다.

특히 고려시대부터 전해온 '효행록'을 다시 편찬, 전국에 배포하여 백성들의 마음을 순화시키는 것이 범죄예방에 도움이 된다고 믿었다. 그러나 이 역시 한문으로 된 것이어서 일반 백성을 깨우치기에는 한계가 있었다. 또한번 '한글' 창제의 집념을 불태우게 하는 요인이 되었다.

지난 달 임진왜란 때 왜군이 훔쳐간 세종대왕의 정무를 볼 때 쓰는 모자 '익선관'이 여러 손을 거친 끝에 최근 경상북도 어느 소장가에 들어왔는데 전문가의 감정 결과 거의 진품으로 밝혀져 큰 뉴스가 되고 있다.

특히 우리의 시선을 끄는 것은 세종대왕의 머리둘레가 57cm로 오늘날 우리와 비슷했다는 것과 익선관 내부에 훈민정음 창제의 배경과 글자 제작에 관한 내용이 적힌 제자해(制字解)가 숨겨져 있다는 것이다. 그 머리둘레에는 한글 정신으로 채워진 것.

이 모자를 감정한 한 연구원은 세종대왕이 한글 창제의 정신을 항상 머리 속에 담기 위해 모자 속 깊이까지 '한글 제자해'를 기록한 것이 아닌가라고 말했다. 얼마나 감동적인 것인가!

이와 같은 위대한 세종대왕의 정신을 잉태하고 출발하는 우리 세종시—올 가을 처음으로 개최하는 '세종축제'도 그와 같은 정신을 계양하는데 최선을 다할 것이다.

충청투데이 칼럼 (2013. 3. 11)

박근혜 號, '乙死조약' 을 '乙生조약' 으로

우리는 아직도 2011년 12월 대구의 한 아파트에서 14살의 중학생 권승민 군이 '학교폭력을 없애주세요.'라는 유서를 남기고 투신자살한 사건을 기억하고 있다.

권 군의 이 투신자살은 전국적인 충격을 주었으며 그 결과 정부는 학교폭력종합대책을 만들기에 이르렀고 이것을 권 군의 이름을 따 '권승민법'으로 통용하기 시작했다.

그의 죽음은 헛되지 않은 것이 됐으나 그 후 언론에 보도된 권 군의 유가족들이 겪고 있는 고통은 상상을 초월하고 있다는 것이다. 정신과 치료를 받아야 할 만큼 불안과 우울증, 분노와 좌절감에서 오는 공황상태에 빠져야 했다는 것.

권 군의 어머니는 죽은 아들 또래의 중학생을 보면서 걷잡을 수 없이 눈물을 흘리기도 여러 번이었고 지금껏 아들의 유서를 가슴에 품고

다닌다는 언론 보도를 보고 코끝이 찡했다. 어디 권 군의 어머니만 이렇게 가슴 찢어지는 아픔과 눈물을 흘리고 있겠는가?

사실 이것은 학교폭력의 형태로 나타난 것이지만 그 밑바탕에 깔려 있는 것은 우리 교육—더 좁혀 말하면 현직 교육감이 '장학사 돈거래' 비리에 음독자살을 시도할 정도로 공교육이 제 길을 못가고 있는데서 이런 사태가 발생하고 있다는 것이다. 이것은 지뢰밭과 같아 예측하지 못한 시간과 장소, 예측하지 못한 형태로 계속 폭발하고 있다.

우리들 가슴을 아프게 하는 것은 또 있다. 재벌 2세, 3세들의 막무가내식 돈 벌기 행태로 약자들을 울리는 것이다. 적어도 그들의 할아버지들은 국가 근간산업을 일으키면서 오늘의 부를 이룩했다고 말해도 상당부분은 공감할 수 있다.

그런데 할아버지, 아버지 잘 둬서 쉽게 귀공자가 된 2~3세들은 경영의식이나 철학이 빈곤하여 땀 흘리거나 공익을 위한다는 생각 대신 사회적 약자들을 울리고 돈 버는 치졸함으로 사회적 갈등을 부추기고 있는 것이다. 대기업의 골목상권 침해가 바로 그것.

막강한 자본과 조직력을 해외시장 개척으로 열정을 쏟지 않고 짜잔하게 골목대장 노릇만 하려는 것이다. 왜 해외로 뻗어나갈 꿈, 약자와 더불어 살아갈 사회윤리를 찾지 못하고 골목으로 뛰어드는가?

예를 들어 지난 2000년 1만 8천개가 넘던 동네 빵집이 5천개 이하로 줄어들었고 그로인하여 8만 명 이상이 일자리를 잃었다. 골목의 약자에 눈물을 흘리게 하고 성취감에 즐거워한다면 이건 경제 민주주의 정신에 역행하는 것이다.

동네 빵집만이 아니라 세탁소, 학원, 책방 슈퍼까지도 골목 자영업들이 초토화되고 있다. 지난 4년 동안 35개 대기업이 만들어 낸 계열사가 400개가 넘는다는 공정거래위원회의 발표도 있었다. 그만큼 골목의 약자들이 대형 융단 폭격기에 쫓기고 있다는 뜻이다.

이밖에도 약자를 울리는 것은 도처에 깔려있다. 특히 벤처기업인들이 훌륭한 기술을 개발하고도 울며 겨자 먹기로 대기업에 뺏기고 몰락하는 경우도 허다하다. 오죽하면 이런 현상을 어떤 경제 기관장은 일본이 강제로 우리나라를 식민지로 만든 '을사보호조약'에 빗대 '乙死보호조약'이라고 했겠는가? 甲의 위력이 절대적이고 乙은 언제나 그늘 속에 갇혀야 하는 이런 '乙死보호조약'의 사회구조가 '乙生보호조약'으로 변화될 때 진정 이 나라의 자본주의는 건강하게 진화할 것이다.

2013년 2월 25일 0시. 이 글이 신문에 인쇄되어 배달이 시작되는 시간에는 이미 박근혜 대통령 당선인은 대한민국 제 18대 대통령 신분으로 바뀔 것이다.

경제민주화를 핵심공약으로 내걸고 당선 후 처음 찾아간 곳도 중소기업 중앙회였던 박근혜 대통령은 북한핵실험 등 산적한 문제를 짊어지고 오늘 대통령 선서를 하지만 '뒷골목 약자의 눈물을 씻어주는 대통령'이길 충심으로 바라는 것이다.

충청투데이 칼럼 (2013. 2. 25)

독도여
미안하오!

독립운동가의 후손이며 충남대학교의 원로교수이기도 한 김능진(金能鎭) 교수가 천안에 있는 독립기념관장에 응모를 한 것은 2011년 7월. 그런데 그는 공모심사 면접 때 뜻하지 않은 질문에 쩔쩔맨 일이 있었다.

면접관은 독도가 한 · 일간의 심각한 영토문제가 되고 있는 이유에 대해 물었다. 그러나 독도가 우리 땅이라는 것은 알고 있었지만 왜 우리 땅인지, 일본 주장의 허점은 무엇인지 명쾌하게 대답하질 못했다.

김 교수는 그때 '엄청난 창피'를 당했다고 생각했다. '독도'에 대한 미안한 생각과 함께…. 물론 김 교수뿐 아니라 많은 사람들이 역사적으로 논리 있게 독도가 왜 우리 영토인지를 설명하지 못한 채 오만불손한 일본의 우경화에 분노만 토하는 게 현실이다.

그래서 김 교수는 독립기념관장에 취임하자마자 독도 역사를 제대로 알리는 일에 발 벗고 나섰다. 가령 독도 사랑 걷기 대회를 개최한다든지 독도가 한국 영토임을 증명하는 일본 손으로 만든 역사자료 공개와 독도 실시간 영상제공 등을 펼쳐 왔다.

특히 '독도학교' 개설 계획은 획기적인 것이라 할 수 있다. 독도학교를 세우는 김 관장의 목표는 우리나라 전 국민이 남녀노소를 막론하고 독도가 왜 우리 땅이고 일본의 주장이 왜 엉터리인지를 알리겠다는 것이고 예산도 4억원을 확보했다.(일본의 독도 홍보비 85억원에 비하면 너무 약소하지만)

처음 예산 확보가 힘들어 국회의원들에게 취지를 설명하자 여야가 한마음으로 도와주더라고 했다. 그렇게 여야가 바람 잘 날 없이 싸워도 독도문제만은 모두 같은 입장이었다.

개교 날짜는 오는 3월 1일. 3 · 1절 기념일을 택했다. 특히 3 · 1절을 택한 것은 불과 6년밖에 남지 않은 3 · 1운동 100주년을 지금부터 준비하자는 차원에서다.

참으로 가슴이 뿌듯하다. 그런데 독립기념관에 '독도학교'를 세우게 된 뒤에는 김능진 관장과 의기투합한 성신여자대학교 서경덕(徐敬德) 교수가 있다. '교수 서경덕'하면 잘 모르는 사람도 있겠지만 2005년 7월 뉴욕타임스에 사비를 들여 '독도는 대한민국의 영토'라는 광고를 게재한 주인공이라면 금방 알 것이다.

뉴욕타임스의 광고는 미국 정계와 세계 여러 나라에 큰 영향을 주었고 일본인들에겐 충격이었다. 그가 이렇게 독도 알리기에 뛰어든 것은 역사 왜곡으로 양국관계를 파탄지경에까지 끌고간 일본이 '다케시마의 날' 조례를 만드는 것에 분노했기 때문이다.

서 교수는 계속하여 2008년에는 가수 김장훈과 함께 워싱턴 포스트에 전면광고를 내기도 했다. 이어 김장훈은 전액 자신의 돈으로 뉴욕 타임스에 전면 광고를 냈다. 모두 의기가 투합된 것이다.

서경덕은 이에 그치지 않고 동해 표기 바로잡기 캠페인을 시작했다. 서구 언론이 동해를 일본해(Sea of Japan)로 표기되는 것은 '동해'(East Sea)로 고치자는 광고를 워싱턴 포스트, 월 스트리트 저널, 뉴욕 타임스에 연속 3회 실었다.

이런 인연으로 독립기념관 김능진 관장은 서경덕 교수와 손을 잡고 독도학교를 설립하기로 하고 초대 교장에 서 교수를 임명했다. 김 관장과 서 교수는 독도학교를 일본이 독도 영유권을 표기할 때까지 계속키로 했다. 이들 가슴에는 그동안 독도가 우리 땅이면서도 충분히 알리지 못한 것을 보상하는 마음으로 '독도학교'에 열정을 쏟을 각오다. 그야 말로 '독도야 미안하다'는 뜻이다.

몇 해 전에는 이인구 계룡건설 명예회장(13 · 15대 국회의원)이 독도에다 충무공 이순신 장군 동상을 세우려다 정부의 반대로 뜻을 이루지 못하고 그 대신 독도 거주 주민에게 생활비를 지원하고 있고 이제는 독도를 알리는 독도학교까지 등장하게 되었다.

계속 식지 않고 이어지는 우리의 국토사랑 행렬에 세종대왕도 충무공도 하늘나라에서 기뻐할 것이다.

충청투데이 칼럼 (2013. 2. 4)

통곡의 벽과 '기억의 벽'

이스라엘의 솔로몬왕은 예루살렘이 영광의 극치를 나타내는 장엄한 성전을 건축했었다. 그러나 전쟁의 와중에 성전이 파괴돼 서쪽 벽만 남았고 2차 세계대전 후에는 예루살렘과 요르단으로 분할되면서 이 벽마저 회교도인 요르단에 속해 양측의 분쟁이 끊이질 않았다.

그 후 이스라엘은 1967년 '6일 전쟁' 때 이곳 예루살렘을 완전 점령해 버렸다. 바로 그 솔로몬왕이 세운 성전의 서쪽 벽만 남아 있는 이곳을 '통곡의 벽(Wailing Wall)' 또는 서쪽에 있다 하여 '서벽'이라고 부르는데 이스라엘 사람들의 정신적 상징이 되고 있다.

그래서 이스라엘 사람들은 세계 각처에 유랑하며 살면서도 그들 민족의 과거를 망각하지 않고 기억하기 위해 수천 년 이 벽을 찾았으며 벽에 이마를 대고 기도를 올려왔다는 것이다. 물론 자신의 간절한 소망을 종이에 적어 성벽 돌 틈에 끼워 넣으면 모두 이루어진다는 전설

같은 이야기도 있지만, 이처럼 '통곡의 벽'은 이스라엘 민족에게 끊임없이 과거를 일깨워 주는 가장 신성한 상징이 되어 왔다.

이스라엘 사람들의 과거를 잊지 않으려는 끈질긴 노력은 그들의 명절에도 잘 나타나 있다. 유월절에 쓴나물과 누룩 없는 빵을 먹는 것이 그것이다. 이날 맛없는 쓴나물과 누룩 없는 빵을 먹는 것은 이집트에서 그들의 조상들이 노예생활하던 비극을 다시 기억하자는 뜻이다. 이처럼 이스라엘 민족이 그들 아픔의 과거를 망각하지 않으려는 노력은 다시는 그 아픔을 되풀이하지 않고 영광으로 승화하자는 취지임은 두말할 필요도 없다.

우리도 과거의 아픔을 망각하지 않으려는 노력이 없었던 것은 아니다. 임진왜란 때 권율 장군의 행주산성 전투를 잊지 않기 위해 여인네들이 행주치마를 입었던 것이라든지 이순신 장군의 해전을 기리는 강강술래 놀이가 그런 것이다.

그런데 어찌된 일인지 요즘은 너무도 과거를 망각하며 살고 있는 우리 현실을 발견하게 된다. 우리는 불과 25년 전에 '88 세계올림픽'을 치렀다. 그것도 그냥 치른 게 아니라 소련·중국 등 공산국가까지 참여한 올림픽 사상 최대·최고의 참가와 첨단기술로 치렀고 이것을 계기로 대한민국의 세계적 위상이 달라졌다.

그런데 우리가 그 거대한 올림픽을 언제 치렀는지 거의 망각하고 있음을 깨닫고 놀라게 된다. 2002년 월드컵 대회도 마찬가지다. 그런데 그때의 질서의식은 어디로 실종됐고, 그 뜨겁던 함성은 어디로 갔는가?

어떻게 이렇게도 우리는 과거를 쉽게 잊고 사는가? 일제의 잔악한 식민통치 밑에서 우리는 모두 친일배들을 증오했었다. 그러나 해방이 되자 국민들은 그들의 반역행위를 망각했고 집권자들은 그들에게 경찰서장 · 군수 · 장관 · 국회의원을 시켜 주었다. 독립투사와 그 자녀들은 찬밥을 먹고….

숱하게 많은 사건들도 그렇게 세월의 망각 속에 묻혀간다. 최근의 사건들—의원 판 · 검사 폭력배 관련사건, 예체능대 부정입학사건, 뇌물외유사건 등도 몇 년 안됐는데 우리는 벌써 망각해 가고 있지 않는가?

정부 여당의 도덕성에 치명적 상처를 입힌 저축은행 비리, 현직 대통령 형의 구속 사건도 망각의 처방이 쏟아지고 있다. 무슨 무슨 청문회가 열릴 때마다 권력자들의 추한 과거가 쏟아져 나오지만 빠르게도 망각의 세월은 가고….

그래서 국민의 망각 증세를 담보로 하여 진실을 감추고 역사를 기만하는 정략을 부린다면 나라의 장래를 위해 슬픈 일이다. 오늘 우리 사회 모든 분야가 범죄화 되고 부패 · 타락하는 원인이 이처럼 진실이 덮여지고 망각됨으로써 정통 사회의 정기, 민족의 정기가 생성되지 못하기 때문이다.

따라서 이 병든 사회를 치유하는 데는 망각하는 세월이 약이 아니라 지도자들이 생명을 걸고 진실을 지키는 결연한 자세다. 일제에 붙어먹는 반역자가 해방 조국에서도 영화를 누리고 4 · 5 · 6공화국…. 그 어느 공화국이든 숫자만 바뀔 뿐 권좌를 누려온 기회주의자들의 찌든

머릿속에서 짜여지는 그 망각의 작전은 이제 집어치워야 한다.

정말 '정치'는 없고 '정략'만 판치는 이 세태. 우리도 과거를 잊지 않으려고 '통곡의 벽'을 찾는 이스라엘 사람들처럼 가슴 속에 망각하지 않는 '기억의 벽'을 세워야 한다. 한국 사람은 너무 쉽게 흥분하고 너무 쉽게 잊어 버리는 '냄비' 같다는 소리를 듣지 말아야 한다.

청풍 칼럼 (2013. 2월호)

世宗이 사랑한 세 사람 … 세종시에 있다

세종대왕이 평생 아꼈던 황희(黃喜 1363~1452) 정승은 대표적인 청백리이자 명재상으로 알려졌지만 꼭 그렇지도 않았다.

세자로 있던 양녕대군의 폐위를 반대하고 나섰으니 하마터면 세종은 황희 때문에 임금이 될 기회를 놓칠 번했다. 결국 황희는 남원으로 유배생활을 떠났는데 세종은 그의 인물됨을 알아보고 귀양지에서 불러 등용했다.

그에게는 청백리로서 많은 일화를 남겼으나 남의 여자와 간통을 하기도 했고 대사헌의 자리에 있으면서 뇌물을 받은 것이 말썽이 됐었다. 세종은 황희를 파면하였지만 바로 복직시키는 등 변함없는 신임을 보여 18년간이나 재상으로 봉직할 수 있었다. 세종의 인사기준은 이렇듯 좀 실수가 있는 사람이라도 그것을 상쇄하고 남을 능력과 덕망이 있으면 버리지 않았다는 것.

세종임금이 사랑한 신하 중에는 충남 온양 출신 맹사성(孟思誠)이 있다. 황희가 병조, 이조 등 하드 시스템을 관장했다면 섬세하고 예술, 문화에 대한 마인드가 풍부한 맹사성은 주로 예조, 법률 정비, 교육, 집현전을 중심으로 한 학술 진흥 등을 맡아 세종임금을 도왔다.

이들 두 정승과 함께 세종대왕의 위업을 이루는데 기둥 역할을 한 사람이 또 있다. 우리 세종시 장군면에 묘소가 있는 김종서(金宗瑞) 장군.

그의 이름 뒤에는 언제나 '장군'이라는 칭호가 따라다니지만 사실 그는 무신이 아니라 16세 어린 나이에 과거에 급제하여 문신으로 입신을 했으며 유능한 학자였고 행정가였으며 '고려사'를 편찬할 만큼 역사에도 조예가 깊었다. 그런데도 그가 '장군'으로 더 많이 전해진 것은 세종대왕과 의기투합하여 국경을 넓히는 등 국가 안보를 튼튼히 하였기 때문이다

그 대표적인 것이 '6진 개척'. 두만강 하류에 위치한 종성 · 온성 · 회령 · 경원 · 경홍 · 부령의 여섯 곳에 오랑캐를 몰아내고 진을 구축함으로써 오늘날 우리나라의 국경을 지금의 두만강까지 이르게 한 것이다. 이와 같은 무훈으로 조정에서 그를 '큰 호랑이(大虎)'로 불렀다. 그만큼 위엄과 신뢰가 넘쳤고 세종대왕에게는 더없이 든든한 방파제 역할을 했다.

그래서 세종대왕이 돌아가신 후 한명회 등이 단종을 폐위하고 수양대군을 세조로 옹립할 때 제일 두려운 것이 '큰 호랑이' 김종서였고 마

침내 이들에 의해 1451년 두 아들과 함께 처참하게 격살 당했다. '계유정난'의 첫 희생자였고 그로부터 3백년의 세월이 흐른 영조 때 비로소 복권되었다.

이런 세종대왕의 위대한 충신이 세종시에 잠들어 있음은 우연한 일이 아니다. 사육신(死六臣)의 한 분이며 집현전 학자로서 세종대왕의 사랑을 받았던 박팽년(朴彭年) 선생은 회덕 출신으로 되어 있으나 할아버지 안생(安生), 아버지 중림(仲林)의 고향이 세종시 전의면이다. 그들의 묘소도 이곳에 있다.

지금도 전의면 관정리 2구에 박동(朴洞)이라는 마을이 있는데 바로 옛날 박팽년의 조상들이 많이 살았기 때문에 붙여진 이름이라는 것. 그렇다면 그는 세종시 사람이다.

선생은 1455년 세조에 의해 단종의 왕위찬탈이 이루어지자 울분을 참지 못하고 경회루에 투신 자살하려고 했으나 성삼문의 만류로 발길을 돌렸었다. 그 후 충청도 관찰사로 공주에서 근무할 때 왕에게 올리는 공문에 '신(臣) 박팽년'을 쓰지 않고 그냥 '박팽년'이라고만 했다. 세조의 신하가 아니며 세조의 정통성을 거부한 것이다.

단종복위 운동을 추진하다 투옥돼 모진 고문을 당했지만 끝까지 세조를 '임금'으로 부르지 않고 '나으리'라 부르며 뜻을 굽히지 않자 옥사하고 말았다.

뿐만 아니라 세종시에는 금남면 달전리에 세종을 도와 집현전 학자로서 한글 창제에 큰 공을 세운 성삼문 선생의 사당도 있고 세종시 첫

마을 인근에는 우암 송시열 등과 함께 기호유학 오현(五賢)으로 꼽히는 초려(草廬) 이유태 선생의 묘소가 역사공원으로 추진될 전망이다.

세종시에는 정부청사만 있는 게 아니라 이처럼 오늘 우리나라를 있게 한 역사적, 문화적 위인들의 숨결이 서려있다. 이 역사성과 국가균형의 새 모델로 탄생한 세종시가 융합을 이루면 엄청난 창조와 변화를 가져올 것이다. 그런 역사적 작업을 세종시는 추진하고 있다.

충청투데이 칼럼 (2013. 1. 7)

아버지를 믿지 못하는 세상

14세기 초 스위스에 빌헬름 텔이라는 의협심 강한 사람이 살았었다. 그런데 그는 게슬러라는 권력자의 모자에 절을 하지 않은 죄로 체포되었다. 게슬러는 말뚝에 자기 모자를 걸어 놓고 모든 통행인에게 절을 하도록 했는데 빌헬름 텔만은 그것을 거부했기 때문이다. 게슬러는 빌헬름 텔에게 아들의 머리 위에 사과를 얹어 놓고 활을 쏴 그것을 맞혀 떨어뜨리면 살려주겠다는 제안을 한다.

그는 권력자 게슬러의 제안을 기꺼이 수락한다. 그의 어린 아들도 자기 머리 위에 사과를 얹고 아버지에게 활을 쏘도록 요구한다. 드디어 아버지가 게슬러는 물론 많은 사람이 지켜보는 가운데 화살을 당긴다. 모든 사람들의 손에는 긴장으로 땀이 흘렀고 숨소리조차 들리지 않았다.

그 순간. 화살은 씽— 하고 허공을 가르며 날아가 아들 머리에 얹은 사과를 맞혔다. 드디어 박수와 환성이 터졌고 부자(父子)는 서로 껴안고 울었다. 얼마나 멋진 장면인가. 이것을 본 스위스 사람들은 봉기하여 독재자 게슬러를 몰아내고 스스로 독립국가를 세웠다. 이 이야기는 스위스의 유명한 전설인데 1804년 독일의 쉴러가 희곡으로 발표하여 세계에 널리 퍼졌고 중학교 영어 교과서에까지 등장했다.

나는 이 전설을 참 좋아한다. 그것은 아버지와 아들 사이의 그 뜨거운 신뢰감 때문이다. 인간과 인간의 신뢰감은 그 어떤 극한 상황도 극복할 수 있기 때문이다.

아들은 아버지를 믿었다. 아버지의 활 솜씨, 아버지의 의협심, 아버지의 사랑, 그리고 아버지도 아들이 자기를 믿는 만큼 불안하여 도망치거나 공포에 흔들려 자칫 화살이 빗나가지 않으리라는 것을. 물론 이 전설은 인간의 신뢰가 권력의 폭력을 극복할 수 있다는 정치적 의미도 있지만 어쨌든 바닥에 흐르는 것은 인간 신뢰다.

부끄럽게도 요즘 우리 아버지 세대들은 아들세대로부터 신뢰를 받지 못하고 있다. 아버지가 화살을 당겨 아들 머리에 얹은 사과를 맞히겠다고 하면 아들은 믿고 응하겠는가? 아니면 무서워 눈을 꼭 감을까?

이것이 오늘 우리들 부자(父子)의 세태다. 그리고 정치의 모습이다. 얼마나 가슴 아픈 비극인가.

지금 정치는 그 믿음으로 나라를 다스리지 못하고 심지어 현대중공업 문제도 해결 못한다. 온통 나라가 믿음을 잃고 어둠속에 허우적거린다. 정치인에게는 믿음은커녕 미움의 대상이다. 누가 권력밖에 모르는 정치 지도자를 믿는가?

어느 여고생이 반장 선거에서 떨어졌다고 반장에 당선된 급우의 얼굴에 초산을 뿌렸다는 보도를 보고 "예민한 세대들이 너무도 빨리 어른들의 나쁜 버릇을 배우고 있구나."하는 생각이 들 정도. 권력을 위해 온갖 추잡스런 짓을 가리지 않고 다 하는 어른들의 버릇 말이다. 자유당 때의 3 · 15 부정선거, 10 · 26사태에서 12 · 12, 5 · 17로 이어지는 소위 '싹쓸이 정권'…. 겨우 반장 선거 가지고도 그러는 너희들이 장차 어른이 되면 무슨 짓을 할지 무섭구나.

정치만 그런 게 아니다. 동네 골목까지 점령하고 드는 대기업의 공세로 영세 자영업자들이 죽을 지경이다.

대기업의 계열사들이 납품시장을 독점하고 밀어주기 불공정 행위로 중소기업들은 거덜나고 있다. 심지어 한수원의 원자력 발전소 부품도 뇌물을 받고 불량품을 조달했다. 그러다 안전사고라도 나면 어떻게 하라고…. 아찔한 일이다. 이러니 아이들이 아버지를 믿겠는가. 2013년, 새해에는 아버지의 믿음을 회복하는 해가 되자.

청풍 칼럼 (2013. 1월호)

2012년, 스쳐가는 얼굴들

황당한 실수로 산화한 블랙이글 조종사

2012년을 보내며 많은 얼굴들이 스쳐간다. 그 중에서도 맨 먼저 떠오르는 얼굴은 지난 11월 15일 블랙이글 T—50B를 조정하다 강원도 횡성군 야산에서 항공기 추락사고로 숨진 김완희 공군 소령(사고 당시 대위).

피가 뜨거운 32세의 젊은 조종사, 그것도 사고 얼마 전 런던에서 있었던 세계 에어쇼 대회에서 최고상을 받은 유능한 장교가 아닌가.

그런데 어처구니없게도 비행기 추락 사고가 기체 결함이나 조종사의 실수로 일어난 것이 아니라 담당 정비사가 점검 과정에서 점검 후 뽑아야 할 차단선을 뽑지 않아 수평날개를 조종할 수 없었기 때문이라는 것이다.

깜빡하는 사이의 실수가 엄청난 결과를 가져온 것이다. 이 사실을 발견한 정비사의 직속상관은 양심의 가책을 받고 괴로워하다 스스로 목숨을 끊었다.

내가 굳이 이 사건을 이야기하는 것은 우리 사회가 중요한 일들을 이처럼 대충대충 처리하는 바람에 얼마나 큰 개인적, 국가적 손실을 가져오는가를 상기시키고 싶어서이다. 이것이 2012년을 보내는 메시지일 수도 있다.

눈물로 사라진 야구 영웅 박찬호

2012년을 보내면서 잊혀지지 않는 또 한 사람은 박찬호 선수의 눈물어린 얼굴. 그는 지난 11월 30일 은퇴 기자회견을 끝으로 한화 이글스를 떠나 야구경영수업을 위해 미국으로 떠났다.

회견장에는 지금까지 그가 입었던 야구 유니폼들이 전시됐는데 가장 눈에 띄는 것은 공주중학교와 공주고등학교 선수시절 입었던 옷. 그렇다. 박찬호는 우리 충청도가 길러낸 아들이다. 그의 부모님은 지금도 고향 공주에서 농사를 지으며 충청도 사람답게 소박한 삶을 살고 있다.

정말 시골에서 자란 한 소년이 124승의 신화를 쌓으며 미국 LA다저스와 뉴욕 양키스 등 프로야구의 영웅으로 한 시대를 달구었다는 사실 — 그래서 우리 청소년들에게 자기 길을 개척하는 불굴의 도전정신과 용기를 주었다는 사실은 너무 흐뭇하고 자랑스러웠다.

이런 박찬호도 마지막 회견장에서 오늘이 있기까지 자신을 도와준 부모, 동료, 선배들을 거명하며 눈물을 보였다. 그러면서 이들이 있어

"행복했습니다." "고맙습니다."며 끝을 흐렸다.

정말 이 두 마디 말 이외에 더 어떤 말이 필요한가.

자선냄비에 1억… '얼굴 없는 천사'

그러나 2012년, 얼굴이 없어 떠오르지 않는 얼굴도 있다. 지난 9일 오후 서울 명동에 작년에 이어 올해에도 60대 초반의 남자가 자선냄비 모금함에 '어려운 노인들에게 꼭 써 달라.'는 편지와 함께 1억 570만원의 자기앞 수표를 넣고 간 것이다.

뒤늦게 낌새를 채고 돌아섰지만 그 '얼굴 없는 천사'는 올해도 감쪽같이 사라지고 말았다. 그러나 그가 누구인지를 추적하는 것은 오히려 그를 욕되게 하는 것인지 모른다. 그냥 '얼굴 없는 천사'의 감동으로만 남겨 두자.

'얼굴 없는 천사'는 또 있다. 며칠 전 70대 할머니가 가게에서 떡을 훔치다 붙잡혔다. 할머니는 폐품을 모아 겨우 생계를 이어가는 매우 어려운 처지인데 훔친 떡을 여러 사람에게 나누어 주기도 했다.

그러나 법은 어쩔 수 없이 20만원의 벌금을 부과했는데 벌금을 낼 돈이 가난한 할머니에게 있을 리 없다. 이 딱한 사연을 알게 된 '얼굴 없는 학생'이 나타나 벌금을 대납해 주고 사라졌다는 것이다. 벌금을 받는 창구 직원이 신분을 물었으나 '학생'이라고만 대답했다는 것.

2012년을 보내며 이렇듯 스쳐가는 '뜻있는 얼굴'들의 잔영이 짠하다. 이들로 하여 우리의 또 한 해는 대한민국의 희망으로 엮어져 넘어가는 것일까.

그 중에서도 '얼굴 없는 천사'의 얼굴들이 크게 다가오는 것은 내일이 예수 탄생을 기리며 불우한 이웃을 돌아보는 성탄절이기 때문인지 모르겠다.

충청투데이 칼럼 (2012. 12. 24)

소백산 여우는 왜 아궁이로 갔을까

킬리만자로는 아프리카에서 해발 4800m나 되는 제일 높은 산이다. 특히 적도가 지나는 열대지방임에도 그 정상에는 언제나 흰 눈이 덮여 있어 외경스럽고 신비감을 자아낸다. 바로 이 산을 배경으로 헤밍웨이는 '킬리만자로의 눈'이라는 소설을 썼고 영화로도 큰 인기를 끌었었다.

소설은 언제나 눈에 덮여 있는 정상인데 표범이 죽어 있음에서 시작된다. 표범은 열대 밀림과 초원에서만 사는 맹수. 먹잇감은 초원에 있지 눈 속에 있지 않다. 그러면 무엇을 찾으려 왔을까? 그 신비의 최고봉에서 죽음을 맞이하기 위해서였을까?

평론가들은 헤밍웨이의 또 다른 노벨상 수상작 '노인과 바다'에 나오는 물고기처럼 현대 인류의 문명적 허무주의를 표현한다고 말하기도 하고 그래서 대칭적으로 인간주의를 강하게 호소한다고 지적하기도 한다.

지난 달 소백산 국립공원 지역에서 방사한 여우가 산속 외딴집 부엌 아궁이에서 죽은 채로 발견되어 매스컴을 장식했다. 죽은 여우는 국립공원이 방사한 한 쌍 중 암컷이었고 민가 아궁이는 방사지에서 5km 떨어진 곳. 그리고 아궁이 불은 꺼져 있었지만 온기는 남아 있는 상태였다고 한다.

환경부 관계자는 부검 결과 여우의 위속에서 쥐나 다람쥐 같은 작은 설치류들이 나온 것으로 보아 굶어 죽지는 않았을 것이라고 밝혔다. 그러면 여우는 왜 아궁이에 들어가서 죽었을까? 추위 때문에 몸을 덮힐 곳을 찾다가 그랬을 가능성도 배제할 수 없다. 그러나 여우의 장기에서 출혈이 발생한 것은 어떻게 설명해야 할까? 전문가들 중에는 이와 같은 현상을 스트레스로 풀이하는 사람도 있다.

야생에서 생존에 적응하는 훈련을 충분히 받지 못하고 방사됐기 때문에 주위의 험준한 지형, 여기저기에서 출몰하는 멧돼지 같은 사나운 야생동물, 수시로 변하는 기후, 고요한 밤중에도 긴장을 늦출 수 없는 무서운 소리들…. 이런 것들이 계속 여우에게 스트레스를 주었을 것이라는 주장이다.

그 반복되고 계속되는 스트레스는 결국 내출혈을 일으켰을 것이고 그래서 자신의 고단한 몸을 추스르기 위해 산골 외딴집 아궁이를 찾아갔는데 거기에서 숨이 끊어지지 않았을까?

그렇다. 인간이나 동물이나 산다는 것은 어쩔 수 없이 스트레스에 노출될 수밖에 없다. 암과 같은 무서운 질병도 스트레스가 큰 원인이고 심지어 임신한 여자가 심한 스트레스를 받으면 태아에까지 간다.

나는 가끔 대화를 나누다가 '피가 마른다'는 소리를 들으면 섬찟함을 느낄 때가 많다. 얼마나 스트레스에 맞섰기에 '피가 마른다'고 말할까? 지난 주 부산의 한 동네 빵집 주인이 인근에 대형 제과점이 생겨 장사가 안 되자 집에서 목을 매 자살한 사건이 있었다. 그의 부인은 빵집이 안 돼 이웃 김밥 집에서 아르바이트까지 했다.

기업체를 운영하는 CEO들은 '내일 해가 뜨는 것이 두렵다.'고도 한다. 직원들 급여일은 호랑이보다 무섭게 들이닥치고 은행 이자는 생각만 해도 현기증이 나기 때문이다. 지난해 60만개의 자영업이 문을 열었으나 58만개, 그러니까 96%는 실패하여 문을 닫았다.

직장을 구하지 못해 몸 달아 하는 젊은이들의 스트레스야 더 어떻게 설명할 수 있으랴. 가난과 병마와 싸우며 사는 사람들에게도. 정말 캄캄한 밤 소백산의 험준한 계곡에서 방생 여우가 겪었던 것보다 더 무서운 스트레스를 우리는 몸으로 부대끼며 살고 있다.

그러나 지금까지 버티어 왔다는 사실, 그리고 지금 심장에 맥박이 뛰고 있다는 사실만으로도 누구든 패자(敗者)가 아니다. 그리고 내일 떠오르는 해를 맞이할 준비가 되어 있다면 아궁이를 찾아간 여우나 킬리만자로의 눈에 묻힌 표범같은 미아(迷兒)는 아니다.

인간에게는 에너지를 만드는 '꿈'이라는 끈이 있기 때문이다. 한 해를 보내는 12월. 우리 모두 '꿈'을 품자. 꿈은 이루어진다는 긍정적인 사고는 어떤 난관도 헤쳐 나갈 당신의 힘이 될 것이다.

충청투데이 칼럼 (2012. 12. 10)

이승만 대통령의 '反日 옹고집'

이승만 대통령 시대 미국을 매우 난처하게 만든 것은 李대통령의 반일정책이었다. 한국전쟁 때 얼핏 생각하면 우리의 처지는 '물에 빠진 사람, 지푸라기까지 잡으려고 한다.'는 속담처럼 누구의 도움이라도 청할 판국이었는데 일본의 도움만은 깨끗이 거절했다. 6.25때 일본군을 참전시키자는 문제가 거론되자 李박사는 "만약 일본군이 우리를 돕겠다고 이 땅에 발을 들여 놓으면 우리는 총구를 돌려 그들부터 쫓아버리겠다."고 강경하게 거절해 버렸다. 그 이후 다시는 이런 말이 고개를 들지 못했다.

1953년 6월 공산군과 전쟁을 하는 속에서도 독도가 저네들 영토라며 日本경비정이 섬 주변에 나타나 초계임무를 전개하자 우리 해경이 발포를 한 사건이 발생, 미국을 난처하게 만들었다. 그러나 그 이후 독도에 일본경비정이 나타나는 일은 전혀 없었다. 그 뿐 아니라 李

박사는 그의 이름을 따서 「李라인」이라는 국제법에도 없는 영해로서의 「평화선」이라는 것을 일방적으로 발표하고 그 선을 넘는 일본어선들은 모조리 붙잡아 들였다. 그래도 그 당시 일본은 큰소리 못하고 우리측 눈치만 살폈다.

한번은 휴전회담이 한창 진행 중인 1952년 7월 리지웨이 UN군사령관이 일본기자들의 판문점 휴전회담 취재를 허용했다. 그러자 뒤늦게 이 사실을 안 李박사는 당장 일본기자들을 추방하라고 요구했다. UN군사령관의 체면이 말이 아니었다. 심지어 李 박사는 미국에 휴전을 반대하지 않는 조건으로 미국이 한국경제부흥을 위해 구매하는 모든 물자는 일본제품이어서는 안 된다는 것을 제시할 정도였다.

어쨌든 일본은 이렇게 해서 그 후 한국식민지 지배에 대한 반성은 여러 차례 있었다. 외교통상부 집계에 따르면 1965년 국교 정상화 교섭 당시 시나 에쓰사부로 외상이 '과거 양국 간에 있었던 불행한 관계'에 대해 유감의 뜻을 표명하고 깊이 반성한다고 한 것을 비롯해 37차례에 달한다. 표현은 조금씩 다르지만 일왕과 총리, 외상, 국회 등이 각각 반성과 사과의 뜻을 담은 담화나 언급을 했다. 그런데 세월이 가면서 그들의 태도가 달라지고 있다. 심지어 일본 정부와 정치권은 한쪽에서 사과·반성을 하면서 다른 쪽에선 '식민지 지배로 한국이 발전했다.'는 식으로 딴 말을 한다.

뿐만 아니라 지난달 일본에서 열린 국제축구연맹(FIFA) 20세 이하 여자 월드컵에서 관중들이 욱일승천기를 들고 응원을 했다. 욱일승천기는 나치 문양(하켄크로이츠)에 견줄 '군국주의 아이콘'이지만 지금은 거리낌 없이 사용되고 있다. 학교 행사에선 교장이 교사가 기미가요를 실제로 부르는지를 입술 모양으로 점검하는 일도 벌어지고 있다. 이렇게 일본이 급속히 우경화되자 아사노 겐이치 도시샤대 교수는 "공영방송이 일본의 과거 침략·강제점령을 긍정하는 소설을 버젓이 드라마로 만들고 있을 정도로 일본의 최근 사회 분위기는 위험 수위에 달하고 있다."며 "일본이 올바른 역사인식을 갖지 못할 경우 국제사회에서 공존하기 어려워질 것"이라고 경고하고 있다.

요즘 부쩍 일본은 상식에 어긋난 행동으로 우리 국민들을 분노케 하고 있다. 독도 문제는 더욱 생떼를 쓰고 있고 위안부 문제는 일본의 최소한의 인간적 양심마저 의심케 한다. 이승만 박사의 '반일 옹고집'이 새삼 느껴진다.

청풍 칼럼 (2012. 10월호)

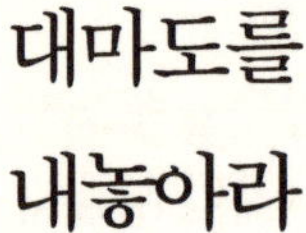

대마도를 내놓아라

대마도는 경상도, 朝鮮의 말 목장

일본 도쿄 도지사 이시하라 신타로가 오는 10월 중국이나 자국에 의해 체포되면 그는 일본의 보수 우익 바람을 타고 영웅이 될 수 있다. 그렇게 되면 지금의 인기 없는 일본 집권당으로서는 낭패다. 이 점에서는 중국도 마찬가지.

그러니까 일본의 집권당과 중국의 이해가 맞아 떨어지는 대목이다. 사실 이시하라 도쿄 도지사는 중국과 영토분쟁을 벌이고 있는 센카쿠(중국명. 댜오위다오) 섬을 도쿄도에서 매입하겠다며 모금 운동을 벌여 14억 5500만엔(한화 210억원)이나 모았다. 그리고 다음 달 직접 이 섬에 상륙하겠다고 벼르고 있는 중이다.

그러자 일본 정부는 도쿄도가 매입하려는 것을 가로채 국가가 사들여 국유화하겠다고 나섰다. 국유화는 지금처럼 무인도를 유지하겠다는 것이며 따라서 이시하라 도지사의 섬 상륙은 즉각 체포대상이 된다. 이것은 중국 입장에서도 마찬가지. 그래서 이시하라는 정부에 대하여 '비열하다'고 비난을 하고 있지만 국유화는 조건부 수용한다는 뉴스도 있어 어쩌면 짜고 치는 '고 · 스톱' 같은 냄새도 난다.

이런 잔재주에 능한 일본이 우리의 독도문제를 국제사법재판소로 끌고 가는 것도 그런 흉계가 있기 때문일 것이다.

이참에 우리는 그동안 묻혀 있던 대마도 카드를 꺼내는 것이 어떨까 생각된다.

관리 안해 왜구들 차지, 世宗 질책

사실 대마도는 역사적으로 왜구의 본거지가 되어 우리를 많이 괴롭혔다. 특히 대마도의 왜구로 하여 고려가 매우 시달렸으며 그때마다 토벌작전을 전개하기도 하고 선무공작을 하기도 했다.

1389년 경상도 원수 박위(朴葳)가 이끄는 고려군이 대마도를 습격하여 왜구선 300여척을 격파하고 그곳에 잡혀 있던 고려인 다수를 구출했다는 기록도 있다.

그런데 대마도가 왜구의 소굴이 된 것에 대하여 세종대왕은 우리가 이 섬을 오랫동안 방치한 결과라고 개탄했다.

세종 29년(1447년) 5월 26일, 왜인들이 지금의 거문도를 일컫는 고초도(孤草島)에서 고기 잡는 것을 허가해달라고 한데 대한 언급이 그것이다. 즉, 세종대왕은 대마도가 우리나라의 말 기르는 땅이었고 일본도 조선의 섬이라고 인정해 왔는데 우리가 이 섬을 돌보지 않는 사이에 도적이 차지한 것 아니냐? 그러니 거문도 역시 그들이 고기를 잡게 해달라고 하지만 우리가 돌보지 않으면 대마도처럼 도적의 섬이 될 것이라는 질책을 한 것이다.

다시 말해 거문도를 저들에게 허락하고 우리가 관리하지 않으면 어느 사이에 왜구가 차지해 버릴 것이라는 우려의 말이다.

사실 세종 26년에는 권선(勸善)이 노라가도로(盧羅加都老)라는 관반의 말을 빌려 '대마도는 원래 조선의 목마지(牧馬地)'라고 하면서 불행하게도 대마도를 조선에 돌려주지 못한 것을 안타깝게 생각하는 대목도 보였다.

'독도 억지' 日本에 대마도 시비를

이외에도 세종대왕의 대마도에 대한 기사가 여러 곳에 나타나는데 "대마도의 섬은 경상도의 계림에 속한다. 본시 우리 땅이다. 기록된 문건도 있다." 대마도주에게 보낸 서간, 이에 대하여 대마도 사신이 답장을 통해 "대마도는 조선의 牧馬地"라고 분명히 밝힌 것도 있다.

결론적으로 대마도는 원래 조선의 말 기르는 땅이었는데 관리를 소홀히 하여 도적(왜구)의 차지가 돼버렸다는 것이다. 세종대왕의 이와 같은 판단은 여러 고증을 거쳐 나왔을 것이다.

부산에서 육안으로도 희미하게 보이는 배로 1시간 거리의 대마도, 남북 80km 제주도보다는 작은 섬 대마도, 구한말 의병장 최익현 선생이 유배를 가서 일본인이 주는 음식을 먹지 않고 굶어 죽은 곳 — 생각할수록 억울한 생각이 드는 것은 왜 그럴까?

1592년 일본이 제작한 팔도총도(八道總圖)에까지 대마도를 조선 영토로 표기했는데 아무리 일본이 대마도를 '실효적 지배'를 하고 있다 해도 우리는 가만히 있어야 할까.

남자를 남자라 하는 것보다 더 명백한 우리 땅 독도를 저희 땅이라 억지 부리고, 종군위안부는 증거가 없다고 생떼 쓰는 日本에 비하면 대마도는 정말 우리가 시비를 걸 만하지 않은가.

충청투데이 칼럼 (2012. 9. 10)

백제의 혼,
충청인의 정신을 생각한다

기후는 그 지역의 생활 패턴을 만들고 나아가 문화를 형성합니다. 호남의 많은 눈, 영남의 드문 눈, 이것이 가옥구조를 다르게 발전시키고 생활양식의 차이를 가져옵니다.

강원도와 제주도 역시 영동, 영서가 서로 다른 기후로 인하여 약간씩 다른 지역특성을 나타내고 그것이 모이고 쌓여 그 지방고유의 문화와 축제를 만들어냅니다.

충청도 기후는 어떻습니까? 요즘 지구 온난화 현상으로 조금 달라지고 있지만 기본적으로 雨順風調가 아니겠습니까?

그것은 농경사회를 발전시켰고, 서로 노동력을 공유해야하는 그런 속에서 질서가 생명이었으며 이웃(동네)과의 연대는 강한 애향심을 이끌었습니다. 그것은 여유롭고 온화한 성품, 서로 돕는 인심, 어른에 대한 공경심과 예절을 키웠습니다.

이것은 자연스럽게 임금에 대한 충성심, 나라 사랑으로 이어져 국가가 위기에 처했을 때 항상 몸을 던져 나라를 구한 충신열사들이 줄을 이었습니다. 또한 문화정신도 강해서 일찍이 불교를 받아들였고, 윤증, 김장생, 송시열 등 조선조 예학의 위대한 지도자를 탄생시켰습니다.

또 일찍이 조선술(造船術)이 발달하여 백제는 해상왕국이었습니다. 百濟라는 이름 역시 '百家가 濟海한다' 는 뜻이라고 합니다. 그리하여 日本은 물론 백제의 진출이 대만, 필리핀, 중국, 산동반도, 그리고 멀리 인도와 페르시아 반도에까지 이르렀다는 것이니 충청인의 정신이 소극적이고 모험을 싫어한다는 것은 오해입니다.

지금도 부여에 있는 백제역사관에 전시되어있는 배의 모형을 보면 당시 항해술이 매우 발달했고 그것이 이순신장군의 거북선으로 이어진 것이 아닌가 생각됩니다. 이런 항해술 때문에 日本에 불교도 전해졌고, 천자문을 비롯한 문화를 전수한 것이라 생각됩니다.

그런데 앞에서 기후 이야기를 했지만 바다의 潮流가 운명적으로 백제와 일본의 관계를 밀접하게 했다고 합니다. 그래서 저는 우리가 확실하게 일본을 정신적으로 압도하기 위해서는 백제정신, 백제문화를 계속 선양해야 한다고 생각합니다. 그것이 곧 충청정신의 뿌리를 현양하는 것입니다.

충청인의 정신은 백제정신에 뿌리를 두고 있고, 그것은 다시 충청지역의 천혜적 지리환경이기 때문입니다. 그러자면 잘못 알려진 백제역사도 바로잡아야 합니다.

의자왕을 잘못 기록한 삼국사기도 그렇습니다. 삼천궁녀의 비극도 말도 안 되는 왜곡된 구전입니다. TV드라마에서 으레 가정부로 등장하는 '충청도 아줌마'도 잘못된 인식입니다.

계백장군은 과연 결전에 앞서 가족들의 목을 칼로 베었을까? 겨우 5천결사대로 5만 적군에 대항하는 무모한 전술을 어떻게 보아야 하는가? 백제가 망한 것은 의자왕의 호색과 탈선이 아니라 오늘과 비슷한 동북아이사의 정세, 그 속을 흐르는 전략적 희생이 아니었던가.

이런 것 모두를 바로잡는 것이 우리들의 일입니다.

충청투데이 (2010.07.01.)

변·평·섭·칼·럼 · · · · ·

'未生' 들의 고함소리

최근 KBS TV에서 정글에 사는 한 부족의 모습을 방영했다.

특별히 관심을 끈 것은 호랑이가 많은 밀림에서 꿀을 따고, 암벽을 타고 올라가 바다 제비집을 채집하는 것이었다. 모두가 곡예처럼 위험하고 험난한 것. 90미터가 넘는 암벽을 밧줄 하나에 오르다 떨어져 죽는 일도 많고, 호랑이 밥이 되는 경우도 허다한데 그렇게 목숨을 걸고 번 돈은 우리 돈으로 7만 5천원.

더욱 보는 이를 짠하게 하는 것은 밀림을 걸으면서 일행들이 목소리를 높여 소리를 지르는 것이다. 호랑이에게 '오지 마라'는 경고의 표시이며 '여기 우리는 여럿이 함께 있다.'는 것이다. 그래도 호랑이는 덤벼들어 사람들을 물어가는 일이 종종 있다고 한다. 그래서 나이 많은 부족의 리더는 정글 바닥의 호랑이 발자국을 빨리 식별하여 인근에 호랑이가 있다고 느끼면 즉시 돌아온 길로 빠져나간다. 그때까지는 살아있어도 산 것이 아닌 '미생'이다.

강남 지하철역 화장실에서 죄없는 여성이 한 정신질환자의 손에 무참히 살해당했다. 그 살해 현장과 강남역 구내에 죽은 여성을 추모하는 포스트잇이 도배를 할 정도로 수없이 이어졌다. '지켜주지 못해 미안합니다.' '좋은 세상에 다시 태어나세요.' 또 어떤 것은 우리의 허술한 사회안전 시스템을 비난하는 글도 있었다.

뿐만 아니라 5월 31일에는 서울 광진구 지하철 2호선 구의역 스크린도어에 수리작업을 하던 19세의 김모군이 사고로 목숨을 잃는 사고가 발생했다. 물론 이 가련한 젊은이의 죽음을 애도하는 포스트잇이 금세 스크린도어를 다 채웠다. 그가 마지막 들고 있던 손가방에서 컵라면 한 봉지가 나와 더욱 충격을 주었다. 그는 이 라면 하나로 식사를 때우려 했는데 그것마저 못 먹고 세상을 떠난 것이다.

그런데다 서울 메트로의 갑질에 대한 구조적인 문제가 계속 세상에 알려지면서 사회적 분노가 확산되었고 포스트잇 역시 더욱 뜨거워졌다. '금수저로 태어나세요.' '컵라면, 너무 속상하다.' '이 불안한 사회, 어른들 진짜 무관심해요.' '19살에 죽었잖아. 어린 나이에, 100여만원 벌려다….'

그런데 여기서 눈여겨 보아야할 것은 전에도 이런 사건이 발생했지만 포스트잇으로 자기 마음을 나타내는 것은 강남역 화장실 여성피살 사건이나 구의역 스크린도어 작업 중 숨진 김군 때처럼 뜨겁지 않았다는 것이다. 사고 현장에 외국에서처럼 추모 꽃을 바치는 경우는 볼 수 있었지만 이렇듯 포스트잇 행렬은 없었다.

무엇이 이들로 하여금 포스트잇에 분노를 담게 했을까? 여기에 참여한 사람들은 같은 상황의 불안을 겪고 있는 여성, 비정규직에 근무하면서 역시 '컵라면'에 끼니를 걸어야 하는 또래의 젊은이들, 취업을 못해 방황하는 젊은이들, 혹은 그런 딸이나 아들을 둔 부모들….

말하자면 '미생'의 분노다. '미생'은 TV 드라마로 크게 히트 했던 직장인들의 삶을 주제로 만든 작품의 제목이지만 원래 바둑에서는 집을 차지하고 있어도 산 것이 아닌 불안한 '삶'을 말한다. 그 드라마 '미생'에서 가장 감동을 준 명대사는 바로 '우리는 다 미생이다.'

그런데 이 미생들이 고함을 지르고 있다. 밀림지대에서 벌꿀을 따며 살아가는 원주민들이 호랑이에 대한 불안함으로 고함을 지르듯, 포스트잇으로 목소리를 내고 있는 것이다. 정치인들이 이것을 무섭게 받아들여야 하는 것도 그 때문이다. 더 늦기 전에 '미생'의 고함소리를 들어야 한다.

갈릴레오의 손가락

변평섭 신문 · 방송 칼럼집

발 행 일 | 2016년 6월 30일
지 은 이 | 변평섭
발 행 인 | 李憲錫
발 행 처 | 오늘의문학사
출판등록 | 제55호(1993년 6월 23일)
주　　소 | 대전광역시 동구 대전로 867번길 52(한밭오피스텔 401호)
전화번호 | (042)624-2980
팩시밀리 | (042)628-2983
홈페이지 | http://www.lito77.co.kr(홈페이지)
전자우편 | hs2980@hanmail.net

공 급 처 | 한국출판협동조합
주문전화 | (070)7119-1752
팩시밀리 | (031)944-8234~6

ISBN 978-89-5669-760-4
값 15,000원

* 이 책은 ㈜교보문고에서 E-Book(전자책)으로 제작 · 판매합니다.
* 잘못 제작된 책은 바꾸어 드립니다.
* 본문에 사용한 종이는 친환경 재생지 '그린라이트' 80g/㎡을 사용하였습니다.